Scoprire i Giochi Gratuiti Online

Disponibile Qui:

BestActivityBooks.com/FREEGAMES

5 CONSIGLI PER INIZIARE

1) COME RISOLVERE LE PAROLE INTRECCIATTE

I puzzle hanno un formato classico:

- Le parole sono nascoste senza spazi o trattini,...
- Orientamento: Le parole possono essere scritte in avanti, indietro, verso l'alto, verso il basso o in diagonale (possono essere invertite).
- Le parole possono sovrapporsi o intersecarsi.

2) APPRENDIMENTO ATTIVO

Accanto ad ogni parola c'è uno spazio per scrivere la traduzione. Per incoraggiare l'apprendimento attivo, un **DIZIONARIO** alla fine di questa edizione vi permetterà di controllare e ampliare le vostre conoscenze. Cerca e scrivi le traduzioni, trovale nel puzzle e aggiungile al tuo vocabolario!

3) SEGNARE LE PAROLE

Puoi inventare il tuo sistema di segni. Forse ne usi già uno? Per esempio, puoi segnare le parole difficili da trovare con una croce, le parole preferite con una stella, le parole nuove con un triangolo, le parole rare con un diamante, e così via.

4) STRUTTURARE L'APPRENDIMENTO

Questa edizione offre un **TACCUINO** alla fine del libro. In vacanza, in viaggio o a casa, puoi organizzare facilmente le tue nuove conoscenze senza bisogno di un secondo quaderno!

5) AVETE FINITO TUTTE LE GRIGLIE?

Nelle ultime pagine di questo libro, nella sezione della **SFIDA FINALE**, troverete un gioco gratuito!

Facile e veloce! Dai un'occhiata alla nostra collezione di libri di attività per il tuo prossimo momento di divertimento e **apprendimento,** a portata di clic!

Trova la tua prossima sfida su:

BestActivityBooks.com/MioProssimoLibro

Ai vostri posti, pronti...Via!

Sapevi che ci sono circa 7.000 lingue diverse nel mondo? Le parole sono preziose.

Amiamo le lingue e abbiamo lavorato duramente per creare libri di altissima qualità. I nostri ingredienti?

Una selezione di argomenti adatti all'apprendimento, tre buone porzioni di intrattenimento, una cucchiaiata di parole difficili e una spolverata di parole rare. Li serviamo con amore e entusiasmo in modo che tu possa risolvere i migliori giochi di parole e divertirti imparando!

La vostra opinione è essenziale. Puoi partecipare attivamente al successo di questo libro lasciandoci un commento. Ci piacerebbe sapere cosa ti è piaciuto di più di questa edizione.

Ecco un link veloce alla pagina dell'ordine:

BestBooksActivity.com/Recensione50

Grazie per il vostro aiuto e buon divertimento!

Tutta la squadra

1 - Scacchi

```
N N D Y W C B T R X N C F O
O E F J J O C A E Y Q Ç C P
R G H U T N A A T M D K K O
M R Z G D C M Ç C D P I V N
E E R A S U P Y V I U S E E
S P J D Z R I B L A N C S N
B A P O Ç S Ó A M G T Ç T T
O S C R E P T E S O S H R W
N S V R R E I N A N D K A H
E I U E I D U M P A U X T A
E U Q I E F O T X L E H È Z
R K V Q M C I Q B A T K G D
T O R N E I G C B C T N I H
Ç H M K N V Q P I N M Z A T
```

OPONENT
BLANC
CAMPIÓ
CONCURS
DIAGONAL
JUGADOR
JOC
NEGRE
PASSIU

PUNTS
REI
REINA
NORMES
SACRIFICI
REPTES
ESTRATÈGIA
TEMPS
TORNEIG

2 - Aggettivi #2

```
U N A T U R A L Q S F R R L
P S A L U D A B L E D X K Ç
R F A M Ó S F C I K U V C D
O P N R E S P O N S A B L E
D O U O A A N C I I R D D O
U R F R U L O H R W D O E X
C G A M T A R H E E R L S Y
T U M Ç È T M D L Z A Ç C Z
I L O V N X A L E P M T R A
U L L P T Y L B G B À Q I U
L Ó E K I Q Z Q A U T J P U
U S N S C N T E N P I D T Q
S E C X V F O R T X C U I A
I N T E R E S S A N T E U Q
```

FAMOLENC
SEC
AUTÈNTIC
CREATIU
DESCRIPTIU
DOLÇ
DRAMÀTIC
ELEGANT
FAMÓS
FORT

INTERESSANT
NATURAL
NORMAL
NOU
ORGULLÓS
PRODUCTIU
PUR
RESPONSABLE
SALAT
SALUDABLE

3 - Mobili

```
E A Z T L V F J F I X L A X
D G I H A R M A R I K L Ç O
T E S C R I P T O R I I Z B
J M C O R T I N E S L T A K
M F N C A T I F A S B S H P
D A A I K D A C L U A J Q R
B U T A C A Z Q A V N Y I E
J M I A U L X A B D C O H S
E Y W I L H Q B U N I M A T
S C T O M À M M K V Z R M A
C O I X I N S O T O U C A T
D I F U T O N Y R J V U C G
K X V À L L I B R E R I A E
O Í L L U M M I R A L L O S
```

HAMACA

ARMARI

COIXINS

COIXÍ

SOFÀ

FUTON

LLUM

LLIT

LLIBRERIA

MATALÀS

BANC

BUTACA

PRESTATGES

ESCRIPTORI

CADIRA

MIRALL

CATIFA

CORTINES

4 - Pesca

```
K P C P A C I È N C I A C B
A L E T E S E S Q U E R G A
H E X A G E R A C I Ó O A R
M A N D Í B U L A N B F N C
Z D V Z W A L F B E Q K X A
P E S Y Y C L L F R F R O F
M L G Q V C J U A Ç P I I Y
O A A D Q J F O E C I U M A
C I S T E L L A R J Q R V M
E L H N J B R À N Q U I E S
À B L G N A A I G U A D P X
D H T S M T E M P O R A D A
F Z E Q U I P A M E N T H B
M V R I B F I L F E R R O V
```

AIGUA
EQUIPAMENT
BARCA
BRÀNQUIES
CISTELLA
CUINER
EXAGERACIÓ
ESQUER
FILFERRO
RIU

GANXO
LLAC
MANDÍBULA
OCEÀ
PACIÈNCIA
PES
ALETES
PLATJA
TEMPORADA

5 - Aggettivi #1

```
L  P  R  I  M  S  M  I  D  È  N  T  I  C
E  L  D  U  G  V  O  A  B  S  O  L  U  T
I  Ç  A  Y  F  G  D  I  A  P  J  S  C  U
Q  E  I  R  R  P  E  R  F  E  C  T  E  H
N  G  T  D  G  F  R  X  H  S  J  G  Ç  N
V  R  E  Ç  N  M  N  I  Ò  A  C  T  I  U
A  A  G  E  N  E  R  Ó  S  T  P  X  V  C
R  N  L  D  A  S  W  F  S  N  I  S  X  Ç
O  L  I  U  A  K  T  O  C  L  I  C  O  E
M  O  G  P  Ó  I  M  P  O  R  T  A  N  T
À  J  O  V  E  S  H  O  N  E  S  T  L  B
T  A  M  B  I  C  I  Ó  S  K  L  U  E  E
I  N  H  C  D  G  E  N  O  R  M  E  N  L
C  A  R  T  Í  S  T  I  C  E  S  N  T  E
```

AMBICIÓS	IDÈNTIC
AROMÀTIC	IMPORTANT
ARTÍSTIC	LENT
ABSOLUT	LLARG
ACTIU	MODERN
ENORME	HONEST
EXÒTIC	PERFECTE
GENERÓS	PESAT
JOVE	VALUÓS
GRAN	PRIM

6 - Geologia

```
M I N E R A L S V E C A P A
G C F P J G K E O W A C E R
Ç U R R F O V E L F L O D À
F Ç È I Ò S S Z C N C N R C
W O U I S C R G À Q I T A I
C Ç G A S T A N I Q L I E D
O J K G I E A V Y U A N R A
R S A L L M R L E A V E O L
A W T F Z C O J L R A N S T
L W Z W B U J L V S N T I I
T E R R A T R È M O L A Ó P
E S T A L A C T I T A G T L
E S T A L A G M I T E S H À
E V J V A V X Ç E R P C M C
```

ÀCID	LAVA
ALTIPLÀ	MINERALS
CALCI	PEDRA
CAVERNA	QUARS
CONTINENT	SAL
CORAL	ESTALAGMITES
CRISTALLS	ESTALACTITA
EROSIÓ	CAPA
FÒSSIL	TERRATRÈMOL
GUÈISER	VOLCÀ

7 - Campeggio

```
A K Y X M F G N I H B A D A
M V E X A B R A J H R V I Ç
Q V I D P N W T D D Ú E V X
C Z M B A L L U N A I N E Y
R A U Y F E X R D U X T R Q
C N N B V I J A E Q O U S L
G I T O O D I L H C L R I I
L M A M A S C E A O A A Ó N
L A N G P Ç C S M R A Ç S S
A L Y M S Ç A A A D R K A E
C S A F O C B T C A B I D C
B A R R E T I P A R R T Q T
T E N D A N N D E F E Q H E
C O Ç A D P A L L G S W O X
```

ARBRES
HAMACA
ANIMALS
AVENTURA
BRÚIXOLA
CABINA
CAÇA
CANOA
BARRET
CORDA

DIVERSIÓ
BOSC
FOC
INSECTE
LLAC
LLUNA
MAPA
MUNTANYA
NATURALESA
TENDA

8 - Arti Visive

```
F M C X P E L · L Í C U L A
X O Y H G W B L X Z R S A C
J M T P A J D D A S T P D O
R Q S O R B D N C P F Z C M
C E W Q G C E R À M I C A P
E J T U I R Y V S S F S V O
R Ç D R L T A R T I S T A S
A W C E A U I F P E Z F L I
G U I X F T B V I T Q T L C
B O L Í G R A F N A Z L E I
C R E A T I V I T A T R T Ó
V E R N Í S X X U R K A S D
O B R A M E S T R A B Q G C
P L A N T I L L A T V H Q L
```

ARGILA
ARTISTA
OBRA MESTRA
CAVALLET
CERA
CERÀMICA
COMPOSICIÓ
CREATIVITAT
PEL·LÍCULA

FOTOGRAFIA
GUIX
LLAPIS
BOLÍGRAF
PINTURA
RETRAT
PLANTILLA
VERNÍS

9 - Esplorazione

```
C E M O C I Ó D L G Z T A D
E S G O T A M E N T A E C E
R E D R V X Ç S Y V N R T T
C Z S W T V D C W I I R I E
A C X P S Ç E O E A M E V R
C O R O A L S B B T A N I M
U R D Q L I C R X G L Y T I
L A N Y V O O I I E S X A N
T T O F A L N M F S Q R T A
U G U F T L E E P D C S H C
R E G X G Q G N R W L O J I
E X T N E Y U T F V L Ç S Ó
S N P Y L M T L L E N G U A
X H B Y I P E R I L L Ó S I
```

ANIMALS
ACTIVITAT
CORATGE
CULTURES
DETERMINACIÓ
EMOCIÓ
ESGOTAMENT
LLENGUA
NOU

RISCOS
PERILLÓS
CERCA
DESCONEGUT
DESCOBRIMENT
SALVATGE
ESPAI
TERRENY
VIATGE

10 - Tempo

```
D  E  S  P  R  É  S  M  C  T  A  H  I  R
E  X  X  V  V  K  Y  I  F  J  A  N  W  K
B  N  J  C  C  A  S  G  U  P  N  I  Y  K
V  S  T  H  N  U  X  D  G  F  U  T  U  R
A  C  T  H  C  D  X  I  T  P  A  Z  D  E
V  B  C  I  B  I  M  A  N  S  L  H  È  L
U  J  A  T  Z  A  A  I  X  M  Z  O  C  L
I  S  L  N  J  A  T  U  N  D  I  R  A  O
M  E  E  H  S  I  Í  M  N  U  O  A  D  T
G  T  N  Y  E  M  P  S  L  Z  T  I  A  G
S  M  D  O  G  S  Q  M  Y  K  S  Q  S  E
C  A  A  J  L  R  D  R  M  A  V  I  A  T
M  N  R  Ç  E  D  B  W  E  D  M  O  Z  W
N  A  I  Q  O  T  M  T  S  D  W  O  Q  G
```

ANY	MIGDIA
ANUAL	MINUT
CALENDARI	NIT
DÈCADA	AVUI
DESPRÉS	HORA
FUTUR	RELLOTGE
DIA	AVIAT
AHIR	ABANS
MATÍ	SEGLE
MES	SETMANA

11 - Autunno

```
M A M I C A S T A N Y E S W
B L G P A S B B R M O F Y W
Q I F Ç D B G Ç D V E A P C
N U P H U R A E G D Ç S H Y
N R A X C X Z C L I M A O B
G K X S I T E M P S A K R S
V L S D F E S T I V A L T M
T G A U O I N C E N D I S I
R D K K L P B C L M D C E G
N E Q U I N O C C I V P C R
N A T U R A L E S A L F F A
K Q Q P O M E S V P E Q A C
G J Q M B G U O P C K E I I
J E S T A C I O N A L D V Ó
```

ROBA
CASTANYES
CLIMA
CADUCIFOLI
EQUINOCCI
FESTIVAL
HORT
GEL

GLA
INCENDIS
POMES
MESOS
TEMPS
MIGRACIÓ
NATURALESA
ESTACIONAL

12 - Astronomia

```
F E C O S M O S Ç T M P A V
D Q V T E Ç Z P Y E E W S H
S U P E R N O V A R T C T D
E I C R W H F E O R E G R T
P N J O N R M J R A O A O C
H O N D E L N G N M R L N L
G C N Ç J T T E G Q O À A G
I C E P X F V F B D R X U R
T I P L A N E T A U I I T A
A S T R Ò N O M K C L A A V
O B S E R V A T O R I O Y E
A S T E R O I D E U V I S T
U N I V E R S L L U N A B A
R A D I A C I Ó M T X P J T
```

ASTEROIDE
ASTRONAUTA
ASTRÒNOM
CEL
COSMOS
EQUINOCCI
GALÀXIA
GRAVETAT
LLUNA

METEOR
NEBULOSA
OBSERVATORI
PLANETA
RADIACIÓ
COET
SUPERNOVA
TERRA
UNIVERS

13 - Circo

```
N K E D M A G T A E T E C Q
Z G V I I I M Y Z S E S A M
B L B S X X C P A P F P R A
L O K F Q Y Ç O K E A E A L
L B T R Z H L V D C C C M A
E U I E L E F A N T R T E B
Ó S G S N Z M N M A Ò A L A
M P R S Y D E I Ú D B C B R
S À E A J B A M S O A U T I
U I G P U V Ç A I R T L J S
K O D I I P O L C I A A G T
I B S T A P W S A R W R J A
E X D B T A B I T L L E T N
P A L L A S S O V Q K A Q O
```

ACRÒBATA
ANIMALS
BITLLET
CARAMEL
PALLASSO
DISFRESSA
ELEFANT
MALABARISTA
LLEÓ

MÀGIA
MAG
MÚSICA
GLOBUS
MICO
ESPECTACULAR
ESPECTADOR
TENDA
TIGRE

14 - Mitologia

```
P G L L A M P S Z C H D I W
G E S A M À G I C W E E M W
U L C R B O I T T P R S M G
E O U Q V E N J O C O A O R
R S L U F Ç R S L M I S R O
R I T E V W M I T O K T T E
E A U T Ç B Z Y N R Z R A C
R C R I A T U R A T E E L R
B J A P T D E Ï T A T S I E
P R J F Ç V T S N L T Ç T A
T R O W O L L E G E N D A C
C O M P O R T A M E N T T I
W M E R J P Ç D O M M T Z Ó
Z C C V E N J A N Ç A G J P
```

ARQUETIP
COMPORTAMENT
CRIATURA
CREACIÓ
CULTURA
DESASTRE
DEÏTATS
HEROI
FORÇA
LLAMPS

GELOSIA
GUERRER
IMMORTALITAT
LABERINT
LLEGENDA
MÀGIC
MORTAL
MONSTRE
TRO
VENJANÇA

15 - Piante

```
I  X  V  P  C  A  C  T  U  S  F  P  S  L
Ç  C  E  C  B  R  R  C  P  I  F  R  G  M
M  R  G  C  X  B  M  R  H  W  H  N  G  S
S  É  E  K  M  U  C  Y  E  F  L  O  R  D
P  I  T  Y  N  S  K  L  R  L  L  C  C  O
È  X  A  F  X  T  D  K  B  B  M  O  G  B
T  E  C  U  H  E  U  R  A  A  M  B  R  B
A  R  I  L  W  R  S  C  F  M  O  O  E  A
L  P  Ó  L  A  R  B  R  E  B  N  T  H  I
I  Ç  J  A  R  D  Í  O  V  Ú  G  À  Z  A
W  S  H  T  W  J  B  W  S  O  E  N  S  E
H  H  Z  G  M  O  L  S  A  C  T  I  P  I
Ç  E  T  E  P  Q  A  D  O  B  A  C  J  Q
E  A  W  Y  S  U  X  Q  Q  Ç  F  A  Ç  T
```

ARBRE	ADOB
BAIA	FLOR
BAMBÚ	FLORA
BOTÀNICA	FULLATGE
CACTUS	BOSC
ARBUST	JARDÍ
CRÉIXER	MOLSA
HEURA	PÈTAL
HERBA	ARREL
MONGETA	VEGETACIÓ

16 - Spezie

```
C D C U R R I Y A C O M Í S
A O A X O S M E E M E B G W
R L N X F S A F R À A B Z C
D Ç Y H S O X W G H B R A O
A A E V A I N I L L A D G R
M N L A L N X O W S N T L I
O Í L I R E G A L È S S I A
M S A S Z S D U W L I F O N
M Z T D P E B R E D M F H D
P E B R E V E R M E L L M R
C Ú R C U M A E V Z L A O E
E A Ç N O U M O S C A D A F
X I V T H P C B J C L I Z J
G I N G E B R E P F L D O J
```

ALL
AMARG
ANÍS
CANYELLA
CARDAMOM
CEBA
CORIANDRE
COMÍ
CÚRCUMA
CURRI

DOLÇ
FONOLL
REGALÈSSIA
NOU MOSCADA
PEBRE VERMELL
PEBRE
SAL
VAINILLA
SAFRÀ
GINGEBRE

17 - Numeri

```
S  K  Q  M  K  Z  N  Q  I  R  C  A  D  L
F  L  S  K  X  L  G  D  P  N  K  T  I  S
A  Q  L  J  T  U  Q  G  I  Q  Q  E  N  Z
F  E  M  K  Z  A  S  V  O  S  Ç  S  O  E
E  S  P  D  E  C  I  M  A  L  S  H  U  R
S  Q  U  I  N  Z  E  T  Z  Z  I  E  A  O
X  C  F  V  K  T  F  V  P  C  X  P  T  U
U  A  D  U  K  N  O  U  U  I  X  D  D  L
J  T  O  I  S  D  M  H  C  I  N  C  O  F
L  O  S  T  R  E  T  Z  E  F  T  S  T  D
S  R  T  G  P  U  N  U  S  Y  X  I  Z  E
S  Z  Q  U  A  T  R  E  C  O  N  S  E  Z
I  E  V  I  N  T  F  R  L  E  Y  X  R  N
J  P  T  Y  J  T  R  E  S  E  T  Z  E  S
```

CINC	CATORZE
DECIMAL	QUATRE
DINOU	QUINZE
DISSET	SETZE
DIVUIT	SIS
DEU	SET
DOTZE	TRES
DOS	TRETZE
NOU	VINT
VUIT	ZERO

18 - Cioccolato

```
A F C A R T E S A N A L I U
R A A A I N G R E D I E N T
O V R C L P S D I X D K G D
M O A Q C O D E F W D Q A R
A R M P I L R L C C R O W G
U I E N W S B I O G O C L U
Q T L O B R E C E P T A Q Ç
T U G U S T J I U S F C Q O
X C A C A U Z Ó A C Q A H E
J X B L Y A E S T G T U I S
S Ç L F I A M A R G N E P E
C N E X Ò T I C V X B T Ç B
S U C R E E A L E J K S P Y
S C O C O D K T Z Z Ç X M E
```

AMARG
CACAUETS
AROMA
ARTESANAL
CACAU
CALORIES
CARAMEL
DELICIÓS
DOLÇ

EXÒTIC
GUST
INGREDIENT
COCO
POLS
FAVORIT
QUALITAT
RECEPTA
SUCRE

19 - Guida

```
C O M B U S T I B L E P X D
E V C A C C I D E N T E Y N
H I M O T O R V F I M R P A
G A R A T G E O B Q Z I G Ç
N N Ç J Ú X W X V Z J L S Q
C A R Ç N W E J P L V L K P
A N T F E M O T O G A N J J
R T T R L S E G U R E T A T
R V M E À K P A G P H O U Y
E R A N R N I S K U K V T C
T F P S R E S E L M U Q O C
E N A H D A D I W T A Z B L
R P O L I C I A T P Ç M Ú V
A W L L I C È N C I A H S F
```

COTXE
AUTOBÚS
COMBUSTIBLE
FRENS
GARATGE
GAS
ACCIDENT
LLICÈNCIA
MAPA

MOTO
MOTOR
VIANANT
PERILL
POLICIA
SEGURETAT
CARRETERA
TRÀNSIT
TÚNEL

20 - Sport

```
B  H  À  B  H  O  Q  U  E  I  J  G  J  M
C  G  R  G  I  M  N  À  S  L  S  I  U  O
B  C  B  E  Q  W  Q  K  T  I  T  M  G  V
N  S  I  I  S  S  S  S  A  I  M  N  A  I
P  Q  T  T  C  J  Q  S  D  V  W  À  D  M
M  L  R  E  C  I  O  W  I  I  N  S  O  E
L  W  E  P  L  R  C  B  W  Z  C  T  R  N
T  E  N  N  I  S  A  L  E  Q  U  I  P  T
Q  L  E  H  D  V  N  T  E  I  C  C  S  E
E  Q  D  L  S  Y  Ç  Ç  L  T  S  A  M  Q
G  U  A  N  Y  A  D  O  R  E  A  B  G  Q
N  D  R  B  À  S  Q  U  E  T  T  J  O  C
E  N  T  R  E  N  A  D  O  R  T  A  L  L
C  A  M  P  I  O  N  A  T  L  N  N  F  I
```

ENTRENADOR
ÀRBITRE
ATLETA
BEISBOL
BÀSQUET
BICICLETA
CAMPIONAT
GIMNÀSTICA
JUGADOR
JOC

GOLF
HOQUEI
MOVIMENT
NEDAR
GIMNÀS
EQUIP
ESTADI
TENNIS
GUANYADOR

21 - Giocattoli

```
R  X  P  D  O  J  L  Q  O  W  X  P  T  C
D  C  M  Z  K  S  F  S  R  B  X  Q  N  O
B  B  R  A  I  O  N  Ç  O  I  B  I  E  T
U  K  I  M  A  G  I  N  A  C  I  Ó  Ç  X
R  O  B  O  T  I  E  L  G  I  A  V  A  E
N  F  T  A  M  B  O  R  S  C  R  T  V  F
P  I  L  O  T  A  I  R  E  L  T  R  I  A
E  A  R  G  I  L  A  S  S  E  E  E  Ó  V
S  B  A  R  C  A  N  G  T  T  S  N  J  O
C  F  D  U  A  N  A  S  E  A  A  E  O  R
A  A  I  C  I  Q  I  S  L  R  N  R  C  I
C  D  M  L  I  K  Z  N  I  A  I  F  S  T
S  L  L  I  B  R  E  S  A  Ç  A  C  Y  E
Ç  A  X  E  Ó  P  I  N  T  U  R  E  S  W
```

AVIÓ	JOCS
ESTEL	IMAGINACIÓ
ARGILA	LLIBRES
ARTESANIA	PILOTA
COTXE	FAVORIT
NINA	ROBOT
BARCA	ESCACS
TAMBORS	TREN
BICICLETA	PINTURES
CAMIÓ	

22 - Uccelli

```
G  Ç  V  Y  À  G  Z  M  D  J  G  C  P  C
P  P  G  I  G  B  W  B  U  F  A  U  O  I
W  I  L  Ç  U  C  P  O  T  Z  V  C  L  G
Z  K  A  N  I  H  E  A  Q  P  I  U  L  O
Y  X  A  N  L  I  L  V  R  L  N  T  A  N
O  J  C  G  A  L  I  Q  B  D  A  F  S  Y
U  H  J  P  T  L  C  P  A  Ó  A  A  T  A
F  C  T  U  N  O  À  D  X  G  O  L  R  O
H  B  E  S  T  R  U  Ç  W  N  R  C  E  P
D  P  R  S  U  O  T  M  Q  K  M  Ó  O  I
O  L  D  B  C  O  L  O  M  À  G  P  T  N
N  G  Ç  H  À  P  C  I  G  N  E  P  F  G
T  K  G  W  S  F  L  A  M  E  N  C  X  Ü
G  X  L  P  B  T  S  C  U  C  G  S  V  Í
```

AGRÓ	LLORO
ÀNEC	PARDAL
ÀGUILA	PAÓ
CIGONYA	PELICÀ
CIGNE	COLOM
CUCUT	PINGÜÍ
FALCÓ	POLLASTRE
FLAMENC	ESTRUÇ
GAVINA	TUCÀ
OCA	OU

23 - Giorni e Mesi

```
H  J  U  N  Y  J  X  L  S  T  A  Ç  O  O
K  C  A  U  D  P  U  T  O  X  G  N  R  T
T  O  E  S  O  D  Y  L  E  I  O  B  Y  X
B  C  T  W  J  C  F  Ç  I  T  S  B  T  O
D  T  D  I  M  A  R  T  S  O  T  A  S  S
E  U  V  Q  J  L  T  Ç  W  E  L  A  E  L
S  B  E  H  N  E  D  I  S  S  A  B  T  E
E  R  V  F  O  N  D  I  M  E  C  R  E  S
M  E  O  U  V  D  R  I  I  Y  J  I  M  F
B  U  L  I  E  A  Y  B  L  K  C  L  B  E
R  M  Z  O  M  R  A  I  D  L  Q  C  R  B
E  Ç  V  M  B  I  Ç  A  L  N  U  E  E  R
G  E  N  E  R  F  D  I  U  M  E  N  G  E
K  E  Ç  S  E  T  M  A  N  A  K  M  S  R
```

AGOST	DILLUNS
ANY	DIMARTS
ABRIL	DIMECRES
CALENDARI	MES
DESEMBRE	NOVEMBRE
DIUMENGE	OCTUBRE
FEBRER	DISSABTE
GENER	SETEMBRE
JUNY	SETMANA
JULIOL	

24 - Casa

```
B  Z  L  T  S  V  M  G  E  I  D  G  E  G
I  E  D  E  H  A  B  I  T  A  C  I  Ó  A
B  B  J  R  G  J  H  D  R  I  X  K  D  R
L  L  A  R  D  E  F  O  C  A  F  U  P  A
I  L  R  A  S  U  V  O  U  N  L  E  O  T
O  L  D  I  O  X  T  A  I  I  X  L  R  G
T  U  Í  X  S  E  Z  X  N  M  O  C  T  E
E  M  L  E  T  A  N  C  A  M  V  L  A  Q
C  O  F  T  R  Z  E  S  C  O  M  B  R  A
A  F  G  A  E  F  X  N  C  A  T  I  F  A
Y  K  Z  P  V  Z  I  F  L  À  P  O  A  A
S  D  M  X  A  F  N  F  A  B  T  G  R  W
F  I  N  E  S  T  R  A  U  M  I  I  A  W
P  A  R  E  T  Z  S  P  S  J  Ç  R  C  T
```

ÀTIC	LLUM
BIBLIOTECA	PARET
HABITACIÓ	TERRA
LLAR DE FOC	PORTA
CLAUS	TANCA
CUINA	AIXETA
DUTXA	ESCOMBRA
FINESTRA	SOSTRE
GARATGE	MIRALL
JARDÍ	CATIFA

25 - Ristorante #1

```
D T P I C A N T M V P J C P
U B O L C K G Y S E K Q A G
E J L C A I X E R A N Y R E
G R L U M C A F È Q L J N Ç
X Q A M B E A M E N Ú S A Ç
P O S T R E S J E Q A C A R
V R T L E A L · L È R G I A
K I R E R G A N I V E T D T
P A E U A T D K O G O H C O
Q W I N G R E D I E N T S V
G D K R W K C U I N A R R A
A M D V O L Z Z Ç Y H O Q L
R E S E R V A W U Ç D V U L
T B D L O F R L S I F S J Ó
```

AL·LÈRGIA	INGREDIENTS
CAFÈ	MENÚ
CAMBRERA	PA
CARN	PLACA
CAIXER	PICANT
MENJAR	POLLASTRE
BOL	RESERVA
GANIVET	SALSA
CUINA	TOVALLÓ
POSTRES	

26 - Fantascienza

```
M  I  M  A  G  I  N  A  R  I  U  T  D  I
O  Ó  Q  I  O  R  E  X  P  L  O  S  I  Ó
N  H  N  K  L  H  E  Y  I  X  K  P  S  G
F  Q  N  D  C  ·  L  A  M  T  M  L  T  A
E  C  H  D  X  Z  L  X  L  W  G  A  Ò  L
X  K  W  O  J  F  Q  U  V  I  R  N  P  À
T  O  R  A  C  L  E  I  S  U  S  E  I  X
R  O  B  O  T  S  W  G  R  Ç  T  A  I  I
E  F  A  N  T  À  S  T  I  C  Ó  A  A  A
M  O  T  Q  A  C  I  N  E  M  A  O  Q  Ç
E  C  Ò  T  E  C  N  O  L  O  G  I  A  L
G  P  M  I  S  T  E  R  I  Ó  S  Y  D  Z
L  L  I  B  R  E  S  U  T  O  P  I  A  C
F  V  C  F  U  T  U  R  I  S  T  A  Y  S
```

ATÒMIC
CINEMA
DISTÒPIA
EXPLOSIÓ
EXTREM
FANTÀSTIC
FOC
FUTURISTA
GALÀXIA
IL·LUSIÓ

IMAGINARI
LLIBRES
MISTERIÓS
MÓN
ORACLE
PLANETA
REALISTA
ROBOTS
TECNOLOGIA
UTOPIA

27 - Città

```
F A R M À C I A S Ç V M M G
L B I B L I O T E C A E N A
O W S K A U R G S I E R U L
R B T U T W I T C N R C N E
I J O K P Z L H O E O A I R
S E R T F E H G L M P T V I
T Q O L I I R I A A O L E A
A S Y P F G A M R R R V R Z
A G A T L Ç A U E D T N S M
E H O T E L X S N R O K I L
M N C N C A R E E B C K T V
E L O P A H T U X A M A A F
C L Í N I C A R I N U I T F
E S T A D I W B E C J E U I
```

AEROPORT
BANC
BIBLIOTECA
CINEMA
CLÍNICA
FARMÀCIA
FLORISTA
GALERIA
HOTEL

MERCAT
MUSEU
BOTIGA
FLECA
ESCOLA
ESTADI
SUPERMERCAT
TEATRE
UNIVERSITAT

28 - Virtù #1

```
P  I  N  D  E  P  E  N  D  E  N  T  I  C
A  W  S  W  S  G  K  O  R  Q  O  X  M  N
C  U  Ú  G  J  F  F  Q  U  D  H  S  L  J
I  N  T  E  L  ·  L  I  G  E  N  T  P  A
E  E  I  N  N  F  T  Y  C  C  E  G  R  P
N  F  L  E  N  C  L  F  C  I  T  P  À  A
T  I  S  R  V  Z  A  A  O  S  G  Ç  C  S
M  C  R  Ó  W  E  K  N  D  I  N  Z  T  S
M  I  K  S  A  V  I  N  T  U  M  X  I  I
D  E  C  U  R  I  Ó  S  N  A  O  Ç  C  O
L  N  A  R  T  Í  S  T  I  C  D  Z  M  N
E  T  F  I  A  B  L  E  R  Y  E  O  P  A
I  N  H  Ç  W  É  H  O  Ç  U  S  V  R  T
D  I  V  E  R  T  I  T  B  C  T  D  A  L
```

ENCANTADOR	GENERÓS
FIABLE	INDEPENDENT
APASSIONAT	INTEL·LIGENT
ARTÍSTIC	MODEST
BÉ	PACIENT
CURIÓS	PRÀCTIC
DECISIU	NET
DIVERTIT	SAVI
EFICIENT	ÚTIL

29 - Compleanno

```
A O A H Z S D X C R E G A L
F H B H N A I G R A N V H D
Q V X F A V A K T L N Ç V N
T E M P S I J O V E O Ç Z L
A K T A C E F Z J G T D Ó N
M L Z B U S W D C R A E R C
I A N Y T A D I V E R S I Ó
C A L E N D A R I L G P N S
S E S P E C I A L S E E C N
S A Z P A S T Í S X T L N V
C E L E B R A C I Ó E M F E
F E L I Ç F W I G K S E D U
I N V I T A C I O N S S C D
G O O I Y U X I Y U D Ç W V
```

AMICS
ANY
CALENDARI
ESPELMES
CANÇÓ
TARGETES
CELEBRACIÓ
DIVERSIÓ
FELIÇ
ALEGRE

DIA
JOVE
GRAN
INVITACIONS
NASCUT
REGAL
SAVIESA
ESPECIAL
TEMPS
PASTÍS

30 - Fattoria #1

```
F P A C X V R N W R G M Z B
E O B A Ç A N U H M A O Y F
N L E B M C A E C Z A M S T
C L L R R A T T P I I E A T
A A L A N G A T O S G L D T
M S A V X R N M R E U B O D
P T X Y M I C O C N A U B F
B R Z W G C A R R Ò S D B W
V E G G F U C A V A L L Ç F
V E D E L L L A V O R S E X
G E S K S T H Q L Ç T M X V
G X M Y G U D R P S F J D G
N Z E S U R U P A O Z I E N
K Ç E G M A S Q Q Z D I Z E
```

AIGUA

AGRICULTURA

ABELLA

RUC

CAMP

GOS

CABRA

CAVALL

ADOB

FENC

GAT

RAMAT

PORC

MEL

VACA

POLLASTRE

TANCA

ARRÒS

LLAVORS

VEDELL

31 - Paesaggi

```
I L L A V L P T N W W I Ç O
G C Y K O G L A C E R A G C
I F F J L U A C O V A I K E
I Ç N A C È T U R Ó M G U À
C Q F K À I J M D T M A U P
E T K F F S A Z J U U M W U
B K X V O E N Y Z N N V U B
E H V M A R V J C D T Y Y H
R M A G S L A F J R A Ç D Q
G H L A I J P E Z A N M G W
Y G L G C A L A Z Z Y Q L V
D E S E R T V L N J A U C C
P E N Í N S U L A T H K Ç P
C A S C A D A X W C À W S C
```

CASCADA	MAR
TURÓ	MUNTANYA
DESERT	OASI
RIU	OCEÀ
GUÈISER	PANTÀ
GLACERA	PENÍNSULA
COVA	PLATJA
ICEBERG	TUNDRA
ILLA	VALL
LLAC	VOLCÀ

32 - Ristorante #2

```
D C C A S Ç D C M Ç T W Z C
E T T I A K Z G A Ç S Q O A
L N I G L Y K G T M K V X D
I G V U S D E T G K B G L I
C C H A M A N I D A O R Ç R
I A U B E G U D A M G F E A
Ó P Z L J W L P A S T Í S R
S E S P L D I N A R Z E O T
B R O G E E Q S P I F J P F
Ç I P C W I R F Q B B F A R
H T A O R E X A K K A D R U
Y I F O R Q U I L L A O V I
S U O U E S P È C I E S K T
Ç Q W S T K G J G E L Ç T A
```

AIGUA

APERITIU

BEGUDA

CAMBRER

SOPAR

CULLERA

DELICIÓS

FORQUILLA

FRUITA

GEL

AMANIDA

SOPA

PEIX

DINAR

SAL

CADIRA

ESPÈCIES

PASTÍS

OUS

33 - Giardino

```
R  A  S  C  L  E  T  Ç  X  T  L  X  S  K
M  A  L  E  S  H  E  R  B  E  S  M  V  I
F  R  Z  Z  U  L  R  Y  M  R  E  C  Y  V
I  B  J  A  J  S  B  P  À  R  G  A  A  I
T  R  A  M  P  O  L  Í  N  A  U  N  D  N
I  E  R  N  H  A  I  I  E  S  T  A  N  Y
M  H  D  T  C  B  W  F  G  S  P  D  U  A
L  K  Í  A  G  E  S  P  A  A  H  O  R  T
A  W  R  N  P  A  W  V  Ç  S  E  H  P  I
N  R  I  C  A  N  R  C  S  T  R  A  Y  M
S  H  B  A  L  V  F  A  A  U  B  M  R  N
X  J  O  U  A  S  Ò  L  T  K  A  A  R  F
Y  X  K  G  S  E  D  C  O  G  D  C  V  Y
X  F  A  H  V  T  F  L  O  R  E  A  R  E
```

ARBRE	BANC
HAMACA	GESPA
ARBUST	RASCLET
HERBA	TANCA
MALES HERBES	ESTANY
FLOR	SÒL
HORT	TERRASSA
GARATGE	TRAMPOLÍ
JARDÍ	MÀNEGA
PALA	VINYA

34 - Frutta

```
C P N P A T V G X K U J N M
I O P V F B S M L L P L E Ó
R M P A P A I A L L U K C R
E A R R D H E Ç K I W I T A
R I U A É I O D C M M O A M
A D N Ï Z S Y P Z O C Y R C
S O A M R T S Y I N T G I I
A L V O C A T E C A K T N F
G E R D G Ç M U C J V J A P
E T B B C O J Z O M E L Ó I
P L À T A N G N E B A D X N
E L A S N I U A A P B N W Y
R P L S N T A R O N J A G A
A A L B E R C O C M U L E O
```

ALBERCOC
PINYA
TARONJA
ALVOCAT
BAIA
PLÀTAN
CIRERA
KIWI
GERD
LLIMONA

MANGO
POMA
MELÓ
MÓRA
NECTARINA
PAPAIA
PERA
PRÉSSEC
PRUNA
RAÏM

35 - Fattoria #2

```
D S G R A N E R B Y P Y F M
N F R U I T A E L L E T L K
O G M S Ç R U G A F A B A R
Q C N C G A C C T H X E M W
K C A T M C S H T A D B A J
B Q T Y L T H N D N V K G P
M Ç L N I O P Y P I P Q U O
P K À I M R U Z A M R J T N
L W D N X E P X G A H M Q M
M L O V E L L A È L R X U E
Z S U I X C H I S S Z U P N
F U P Z W E O Ç J T F Q R J
P O R D I P R A T K O X X A
Y D Q B L A T D E M O R O R
```

XAI	REG
PAGÈS	FLAMA
RUSC	LLET
ÀNEC	BLAT DE MORO
ANIMALS	OCA
MENJAR	ORDI
GRANER	PASTOR
FRUITA	OVELLA
HORT	PRAT
BLAT	TRACTOR

36 - Dinosauri

```
P R E S A C R F A L E S M P
T V N E Z A È D Ò E F D A O
E I O V Q R P X V S Z S M T
R C R O K N T R E P S A U E
R I M L V Í I W X È N I T N
A Ó E U T V L D Ç C A H L T
F S M C C O X I R I H E G S
L I B I E R D K A E G R A N
K F J Ó D T M A D N C B B B
D E S A P A R I C I Ó Í J R
I S J M M C C O M N Í V O R
R A P T O R U Ç I O T O L R
Z Z E N L A F A C I C R K F
P R E H I S T Ò R I C W S Ç
```

ALES
CARNÍVOR
CUA
ENORME
HERBÍVOR
EVOLUCIÓ
FÒSSILS
GRAN
MAMUT
OMNÍVOR

POTENT
PRESA
PREHISTÒRIC
RAPTOR
RÈPTIL
DESAPARICIÓ
ESPÈCIE
MIDA
TERRA
VICIÓS

37 - Verdure

```
C P A S T A N A G A X V A T
T A B L K Ç Y M F J E J L O
C T R K L I X A E U S U B M
Q A A X V F P N S L C G E À
P T V J O X T I P I A Q R Q
T A E R W F Ç D I V L D G U
S P V Y T Z A A N E U N Í E
G I N G E B R E A R N A N T
C E B A K O R X C T Y P I D
H D U Z Y L Ç Ò S Y A P A G
I D T O T E V F Q X Q È L W
C G E O Ç T P I I U Z S C A
Q Q C O G O M B R E I O T O
C A R B A S S A K Ç D L R Ç
```

ALL	PÈSOL
BRÒQUIL	TOMÀQUET
CARXOFA	JULIVERT
PASTANAGA	NAP
COGOMBRE	RAVE
CEBA	ESCALUNYA
BOLET	API
AMANIDA	ESPINACS
ALBERGÍNIA	GINGEBRE
PATATA	CARBASSA

38 - Scuola #2

```
S  N  N  C  A  L  E  N  D  A  R  I  F  D
M  A  P  R  O  F  E  S  S  O  R  J  J  I
H  A  B  B  N  J  O  C  S  G  M  T  D  C
O  D  T  A  L  C  J  B  T  L  U  Z  T  C
F  D  Z  E  T  F  F  K  W  U  T  L  I  I
A  Ç  K  L  M  E  P  A  P  E  R  L  S  O
C  N  B  W  M  À  S  S  W  A  Ç  A  O  N
A  G  R  A  M  À  T  I  C  A  Q  P  R  A
D  Ç  W  Ç  O  D  E  I  I  U  D  I  E  R
È  L  L  I  B  R  E  S  Q  I  O  S  S  I
M  I  L  I  T  E  R  A  T  U  R  A  E  X
I  O  R  D  I  N  A  D  O  R  E  J  Ç  Y
C  I  È  N  C  I  A  Q  F  Y  L  S  V  Ç
E  D  U  C  A  C  I  Ó  N  O  G  T  D  G
```

ACADÈMIC	PROFESSOR
CALENDARI	LITERATURA
PAPER	LECTURA
ORDINADOR	LLIBRES
DICCIONARI	MATEMÀTIQUES
EDUCACIÓ	LLAPIS
TISORES	SABATES
JOCS	CIÈNCIA
GRAMÀTICA	

39 - Barbecue

```
I  F  Ç  F  L  Y  L  W  U  C  F  P  M  S
V  N  R  U  U  N  O  F  F  E  A  E  Ú  O
U  A  V  K  D  I  N  A  R  B  M  B  S  P
J  M  S  I  M  G  L  M  U  A  Í  R  I  A
P  A  A  L  T  E  S  T  I  U  L  E  C  R
T  N  L  F  G  A  N  O  T  M  I  Y  A  P
O  I  S  M  N  Y  C  J  A  I  A  F  I  O
M  D  A  U  V  B  A  I  A  T  A  D  G  L
À  E  W  G  A  F  L  K  Ó  R  C  E  F  L
Q  S  A  H  D  D  E  G  R  A  E  L  L  A
U  J  T  Q  F  W  N  G  J  M  G  A  N  S
E  X  Q  C  Ç  O  T  W  T  O  T  Ç  K  T
T  G  A  N  I  V  E  T  S  Y  C  A  L  R
S  A  L  K  B  A  R  L  H  I  V  S  B  E
```

CALENT	GRAELLA
SOPAR	AMANIDES
MENJAR	INVITACIÓ
CEBA	MÚSICA
GANIVETS	PEBRE
ESTIU	POLLASTRE
FAM	TOMÀQUETS
FAMÍLIA	DINAR
FRUITA	SAL
JOCS	SALSA

40 - Riempire

```
V C H J E C O C S I C G Y K
M A L E T A K G Z P I R Q Ç
N R I J H I D W B A S O O G
E P K X R X J X K Q T U B E
N E P T E A Z D F U E D Z R
X T M O L L F C G E L U D R
B A M P O L L A U T L J G O
S A F A T A C L R B A P Z Z
N P R T R K O A F P E I C D
D K Ç R U P N I W Q A L A R
Z D C B I X C X N Z U R L C
S O B R E L A B U T X A C A
I S T R W Z Q M Q H D O V K
B O S S A Z H Ç W R J J E P
```

CONCA   PAQUET
BARRIL   CAIXA
BOSSA   CUBELL
AMPOLLA   BUTXACA
SOBRE   TUB
CARPETA   MALETA
CALAIX   GERRO
CISTELLA   SAFATA
VAIXELL

41 - Insetti

```
F  H  R  V  P  M  L  J  T  Q  O  M  J  K
T  W  O  O  R  A  C  I  G  A  L  A  Y  R
T  U  L  Ç  W  N  N  D  C  P  N  I  L  D
Ç  L  Q  D  R  T  D  E  W  G  Ç  P  Ç  A
J  T  È  R  M  I  T  H  R  V  C  U  C  R
X  I  I  K  D  S  O  J  E  O  N  Ç  G  N
M  A  R  I  E  T  A  B  E  L  L  A  I  A
P  A  P  A  L  L  O  N  A  P  A  E  V  R
L  L  A  G  O  S  T  A  P  J  S  R  S  G
F  O  R  M  I  G  A  H  X  U  T  O  V  Y
L  I  B  È  L  ·  L  U  L  A  G  B  E  A
M  O  S  Q  U  I  T  N  E  V  K  Ó  S  R
O  U  S  M  X  B  N  B  K  N  X  O  P  K
N  E  V  X  E  E  S  C  A  R  A  B  A  T
```

PUGÓ	LARVA
ABELLA	LIBÈL·LULA
LLAGOSTA	MANTIS
CIGALA	PUÇA
MARIETA	PANEROLES
ESCARABAT	TÈRMIT
ARNA	CUC
PAPALLONA	VESPA
FORMIGA	MOSQUIT

42 - Erboristeria

```
C M X Z Q M F E I U K J H M
A L L F N E P S A O S U Q V
P R A Q C N V T V C A L E T
P I Y V T T J R S U F I F I
A S T N A A A A O L R V L A
L Y B J X N R G A I À E O F
F O N O L L D Ó R N F R R A
À R H F O P Í A O À E T Ç R
B E C C E X N D M R R T O I
R N G V A C J L À I O X J G
E G W Q E H R C T A M G V O
G A K M A R D U I X A S J L
A Y X X U A D M C S N O T A
Q U A L I T A T B V Í T O S
```

ALL
ANET
AROMÀTIC
ALFÀBREGA
CULINÀRIA
ESTRAGÓ
FONOLL
FLOR
JARDÍ
LAVANDA

MARDUIX
MENTA
ORENGA
JULIVERT
QUALITAT
ROMANÍ
FARIGOLA
VERD
SAFRÀ

43 - Danza

```
A L E G R E R G E A T C O F
H T V C E E I R V Q R O H W
Q P O U A O T À A M A R W D
E P I L H H M C R O D E I J
A O M T P C E I T V I O E G
L S Ú U E X O A I I C G X H
Q T S R X M P S T M I R P O
F U I A O S O O S E O A R N
I R C L I Q H C K N N F E A
G A A Z P G D I I T A I S C
A C A D È M I A J Ó L A S L
S A L T A R V I S U A L I M
C U L T U R A P V F Ç N U Z
H H Ç A C L À S S I C W A N
```

ACADÈMIA	ALEGRE
ART	GRÀCIA
CLÀSSIC	MOVIMENT
SOCI	MÚSICA
COREOGRAFIA	POSTURA
COS	ASSAIG
CULTURA	RITME
CULTURAL	SALTAR
EMOCIÓ	TRADICIONAL
EXPRESSIU	VISUAL

44 - Scuola #1

```
E A P J I P J C A D I R A N
S W U C C H R N Ú M E R O S
C L W L A X Z O T D I N A R
R L P M A W D E F M M C J I
I A G D C C A R P E T E S L
P P L O M E S G A X S G C L
T I P T D M Z Ç E À K S S I
O S H K A Q L P O M A O O B
R E S P O S T E S E L U D R
I D I V E R S I Ó N F P P E
M A R C A D O R S S A J A S
B I B L I O T E C A B X P I
M A T E M À T I Q U E S E Q
E U R Q K P Ç A F F T F R K
```

ALFABET
AMICS
AULA
BIBLIOTECA
PAPER
CARPETES
DIVERSIÓ
EXÀMENS
PROFESSOR
LLIBRES

MARCADORS
MATEMÀTIQUES
LLAPIS
NÚMEROS
PLOMES
DINAR
RESPOSTES
ESCRIPTORI
CADIRA

45 - Fiori

```
R L D E N T D E L L E Ó N J
H Z S I Z R M C Z H I T S S
L Q H T O È A P X P H P B G
K K I U R V R L È Ç G Q H W
R A B L Q O G U X T M Y G C
M O I I U L A M N R A M G A
A Y S P Í I R E H O G L I L
G A C A D L I R Z N N A R È
F E Z U I A D I R A Ò V A N
M D S H A G A A T K L A S D
I A W S P E Ò N I A I N O U
D Y P G A R D È N I A D L L
T E C T Z M L L I R I A V A
P F M I B Y Í R O S E L L A
```

CALÈNDULA	MARGARIDA
DENT DE LLEÓ	RAM
GARDÈNIA	ORQUÍDIA
GESSAMÍ	ROSELLA
LLIRI	PEÒNIA
GIRA-SOL	PÈTAL
HIBISC	PLUMERIA
LAVANDA	ROSA
LILA	TRÈVOL
MAGNÒLIA	TULIPA

46 - Ecologia

```
B C C L I M A H L U H R V N
S F L O R A K M K G À E J A
V M V S M A R Í Z Z B C X T
P L S E Q U E R A G I U T U
L G A P Q T N G Q H T R V R
P L A N T E S I I J A S V A
V A R I E T A T T N T O E L
P A N T À Q Z G T A X S G E
D I V E R S I T A T T O E S
G L O B A L G F N U I S T A
E S P È C I E A D R J P A M
Z Q A W U R J U V A K E C V
U Y D H Z V B N E L A Ç I E
J J F A X M A A W Z Q F Ó A
```

CLIMA
COMUNITATS
DIVERSITAT
FAUNA
FLORA
GLOBAL
HÀBITAT
MARÍ
NATURALESA

NATURAL
PANTÀ
PLANTES
RECURSOS
SEQUERA
ESPÈCIE
VARIETAT
VEGETACIÓ

47 - Discipline Scientifiche

```
M E M A M B Z F I L Q Y X S
E C I N E O O B F I U K L O
T O N A C T O I I N Í I I C
E L E T À À L O S G M V M I
O O R O N N O L I Ü I P M O
R G A M I I G O O Í C S U L
O I L I C C I G L S A I N O
L A O A A A A I O T H C O G
O X G L J S K A G I V O L I
G B I O Q U Í M I C A L O A
I S A L C U L Q A A P O G J
A X H Y T E G E O L O G I A
Y Y A R Q U E O L O G I A Y
N E U R O L O G I A Y A K L
```

ANATOMIA
ARQUEOLOGIA
BIOQUÍMICA
BIOLOGIA
BOTÀNICA
QUÍMICA
ECOLOGIA
FISIOLOGIA
GEOLOGIA

IMMUNOLOGIA
LINGÜÍSTICA
MECÀNICA
METEOROLOGIA
MINERALOGIA
NEUROLOGIA
PSICOLOGIA
SOCIOLOGIA
ZOOLOGIA

48 - Scienza

```
E E X P E R I M E N T À F M
V M Ç M A Q U Í M I C T W O
O O B S E R V A C I Ó O U L
L L U H I Z T F E T A M U È
U D A D E S I Í E X P G V C
C C Ç B Q H T S C B L R T U
I M O H O H M I Y U G A O L
Ó D U U P R W C C P L V F E
L M W R R C A A Y W W E Ò S
H X C I K S Ç T C U I T S I
H I P Ò T E S I O L F A S V
O R G A N I S M E R I T I Y
N A T U R A L E S A I M L A
M È T O D E Y K X V L D A K
```

ÀTOM
QUÍMIC
CLIMA
DADES
EXPERIMENT
EVOLUCIÓ
FET
FÍSICA
FÒSSIL

GRAVETAT
HIPÒTESI
LABORATORI
MÈTODE
MOLÈCULES
NATURALESA
ORGANISME
OBSERVACIÓ
PARTÍCULES

49 - Acqua

```
R P P L U J A W F H E H V G
E R I U L N S M I U V U A V
G H Ç M P A N O Ç R A M P P
P P Z X O U C N V A P I O Q
P Q D U T X A S F C O T R B
G F U H A G N Ó Z À R A I Q
I U P K B B A H H C A T Q Q
V O È N L G L I P O C E À Q
H H N I E E J C C R I A F N
W V W H S L L X N R Ó H K L
S I S N Q E S A Z E Y A P K
Ç J X Y Y O R F Q N T F E W
I N U N D A C I Ó T E W N H
W N I Z U E D Q Ç S J U L I
```

INUNDACIÓ
CANAL
DUTXA
EVAPORACIÓ
RIU
CORRENT
GUÈISER
GEL
REG

LLAC
MONSÓ
NEU
OCEÀ
PLUJA
POTABLE
HUMITAT
HURACÀ
VAPOR

50 - Gatti

```
P O C J C G C Q I L C Q Q Y
R E K A U P E D N Z A N R A
B N L A R G Z E D H Ç B P A
N Q G L I C A O E C A U R U
P O T A Ó I B N P N D C J R
T Z E A S P O Z E Z O Ç S T
Ç J N I U C I K N R R P G N
Q L T T Z U G B D O R M I R
U S A L V A T G E V À D P V
V R R A T O L Í N T P K Y Y
K A P A Q P E F T I I Ç E P
R A F A T Í M I D D D Ç F Y
P E R S O N A L I T A T W Q
D I V E R T I T F Z W F B O
```

URPA	BOIG
CAÇADOR	PELL
CUA	PERSONALITAT
CURIÓS	POC
DIVERTIT	SALVATGE
DORMIR	TÍMID
FIL	RATOLÍ
JUGANER	RÀPID
INDEPENDENT	POTA

51 - Surf

```
A  D  I  V  E  R  S  I  Ó  V  E  L  U  P
S  T  Q  E  E  F  J  V  F  E  S  P  Ç  U
M  U  L  T  I  T  U  D  S  L  C  R  P  B
R  D  G  E  O  W  H  C  C  O  U  I  E  N
C  E  A  Q  T  C  E  V  A  C  M  N  B  H
E  F  O  R  Ç  A  E  I  M  I  A  C  W  E
Q  C  N  W  U  D  B  À  P  T  S  I  K  X
E  G  A  E  S  T  I  L  I  A  Y  P  L  T
S  A  B  S  D  E  Y  M  Ó  T  P  I  F  R
C  O  T  T  J  A  P  O  P  U  L  A  R  E
U  K  V  Ó  S  V  R  T  F  O  A  N  W  M
L  O  T  M  T  E  M  P  S  E  T  T  S  L
L  F  S  A  S  R  Y  X  L  S  J  I  A  R
J  G  O  C  B  B  K  U  N  P  A  D  A  D
```

ATLETA	ONA
CAMPIÓ	POPULAR
DIVERSIÓ	PRINCIPIANT
EXTREM	ESCUMA
MULTITUDS	ESCULL
FORÇA	PLATJA
TEMPS	ESTIL
NEDAR	ESTÓMAC
OCEÀ	VELOCITAT

52 - Imbarcazioni

```
P  G  M  B  O  I  A  P  V  L  G  Ç  Y  E
P  E  J  C  A  N  O  A  E  B  D  U  I  Ç
F  E  P  U  V  À  E  L  L  A  C  X  Z  L
K  J  H  U  I  U  R  S  E  S  C  F  D  M
G  Q  U  R  Ç  T  O  F  I  S  C  X  P  L
M  Ç  P  Y  Z  I  G  I  H  A  T  Ç  G  X
A  A  J  Q  Q  C  V  P  H  M  A  L  O  A
R  L  R  I  U  H  Z  A  W  C  O  R  D  A
E  O  I  I  O  T  S  O  M  A  C  T  H  Q
A  U  A  À  N  C  O  R  A  I  E  M  O  L
M  L  A  Y  V  E  L  E  R  A  À  Y  L  R
O  W  I  V  D  Z  R  R  L  C  N  C  M  Ç
T  R  I  P  U  L  A  C  I  Ó  L  I  R  C
H  G  J  X  Ç  C  L  Z  H  F  E  R  R  I
```

PAL
ÀNCORA
VELER
BOIA
CANOA
CORDA
TRIPULACIÓ
RIU
CAIAC
LLAC

MAR
MAREA
MARINER
MOTOR
NÀUTIC
OCEÀ
ONES
FERRI
IOT
BASSA

53 - Api

```
E P K P E I X A M V Ç W D X
M E L O B N J P F L O R I Ç
V K Ç L K S O L W S Y K V B
F L V · E E W F U M L E E E
Z Y Q L I C T O H U Z U R N
A K D E Y T O K À O J Ç S E
L L O N V E C S B E D W I F
F R U I T A E L I F Q J T I
P U B Y V N R J T S L S A C
Q S Q C Y G A A A B T O T I
Ç C M E N J A R T Y N E R Ó
P L A N T E S D P D A R M S
A L E S L K E Í P H Ç B K A
R E I N A M L G H Ç N C B R
```

ALES	FUM
RUSC	JARDÍ
BENEFICIÓS	HÀBITAT
CERA	INSECTE
MENJAR	MEL
DIVERSITAT	PLANTES
ECOSISTEMA	POL·LEN
FLORS	REINA
FLOR	EIXAM
FRUITA	SOL

54 - Conservazione

```
S  W  C  B  V  C  A  N  V  I  S  R  N  P
S  V  L  S  W  E  Q  B  X  Y  A  E  A  I
M  K  I  Y  Z  E  R  C  D  W  L  D  T  K
P  N  M  S  Z  Q  Ç  D  I  N  U  U  U  Z
A  R  A  I  G  U  A  V  L  C  T  I  R  W
L  E  E  D  U  C  A  C  I  Ó  L  R  A  U
H  C  S  O  S  T  E  N  I  B  L  E  L  C
À  I  I  R  C  A  M  B  I  E  N  T  A  L
B  C  G  G  S  U  L  X  H  N  K  O  W  P
I  L  U  À  I  X  P  A  W  L  M  U  Ç  I
T  A  O  N  O  B  F  A  Z  J  K  Ç  W  U
A  R  S  I  S  V  Q  D  C  B  Z  K  V  X
T  E  H  C  Y  J  K  V  M  I  W  V  W  F
Q  P  E  S  T  I  C  I  D  A  Ó  C  Y  J
```

AIGUA
AMBIENTAL
CANVIS
CICLE
CLIMA
EDUCACIÓ
HÀBITAT
NATURAL

ORGÀNIC
PESTICIDA
PREOCUPACIÓ
RECICLAR
REDUIR
SALUT
SOSTENIBLE
VERD

55 - Strumenti Musicali

```
G  T  R  O  M  B  Ó  B  F  L  A  U  T  A
U  W  H  Ç  O  W  Z  T  P  X  Y  F  N  M
I  B  A  N  J  O  B  O  È  O  Q  N  N  A
T  H  R  T  R  O  M  P  E  T  A  X  O  R
A  D  M  A  N  D  O  L  I  N  A  G  X  I
R  Y  Ò  A  R  P  A  G  V  N  E  E  I  M
R  L  N  G  S  E  F  S  P  I  A  N  O  B
A  V  I  O  L  Í  F  T  A  M  B  O  R  A
X  N  C  Ç  L  J  S  A  G  O  N  G  D  J
Z  S  A  X  O  F  O  N  G  V  S  U  L  R
P  A  N  D  E  R  E  T  A  O  B  G  Q  X
J  C  F  C  L  A  R  I  N  E  T  C  E  R
P  E  R  C  U  S  S  I  Ó  U  L  F  I  V
D  G  Y  V  I  O  L  O  N  C  E  L  Q  E
```

HARMÒNICA	OBOÈ
ARPA	PERCUSSIÓ
BANJO	PIANO
GUITARRA	SAXOFON
CLARINET	PANDERETA
FAGOT	TAMBOR
FLAUTA	TROMPETA
GONG	TROMBÓ
MANDOLINA	VIOLÍ
MARIMBA	VIOLONCEL

56 - Professioni #2

```
Ç  B  Z  O  Ò  L  E  G  F  P  A  P  F  C
L  I  N  G  Ü  I  S  T  A  E  S  I  O  I
F  B  L  B  M  E  T  G  E  R  T  N  T  R
I  L  D  ·  I  G  Y  G  F  I  R  T  Ò  U
L  I  R  E  L  Ò  G  Q  Q  O  O  O  G  R
Ò  O  S  O  N  U  L  M  K  D  N  R  R  G
S  T  Q  C  S  T  S  E  F  I  A  X  A  I
O  E  D  Q  X  W  I  T  G  S  U  W  F  À
F  C  T  R  H  B  H  S  R  T  T  P  V  P
J  A  R  D  I  N  E  R  T  A  A  I  Q  Z
P  R  O  F  E  S  S  O  R  A  D  L  U  P
N  I  N  V  E  S  T  I  G  A  D  O  R  G
E  N  G  I  N  Y  E  R  X  R  O  T  R  N
J  H  L  D  E  T  E  C  T  I  U  A  U  S
```

ASTRONAUTA	IL·LUSTRADOR
BIBLIOTECARI	ENGINYER
BIÒLEG	PROFESSOR
CIRURGIÀ	LINGÜISTA
DENTISTA	METGE
DETECTIU	PILOT
FILÒSOF	PINTOR
FOTÒGRAF	INVESTIGADOR
JARDINER	ZOÒLEG
PERIODISTA	

57 - Letteratura

```
D B G B V T R A G È D I A X
E I Q R A C O N C L U S I Ó
S O E H V S V À T K Z R E Q
C G P N O V E L · L A I S E
R R O I Ç H N I W B A T T D
I A E G N Q U S A F N M I I
P F M È M I S I L I J E L À
C I A N G G Ó S C T R U I L
I A O E Y K L P O È T I C E
Ó L F R H T A R I M A E J G
K S R E A B Z U S E K Q M Ç
A N A L O G I A T F V S Ç A
M E T À F O R A G O Ç Q D S
C O M P A R A C I Ó R F P N
```

ANÀLISI	OPINIÓ
ANALOGIA	POEMA
AUTOR	POÈTIC
BIOGRAFIA	RIMA
CONCLUSIÓ	RITME
COMPARACIÓ	NOVEL·LA
DESCRIPCIÓ	ESTIL
DIÀLEG	TEMA
GÈNERE	TRAGÈDIA
METÀFORA	

58 - Cibo #2

```
P O M A R R Ò S A P I Ç P T
A L B E R G Í N I A Q H E O
I U Z X O C O L A T A U L M
Q W X P S B O R L X A T Z À
Y C C W O K U R T A H K B Q
P E I X R L U R U E I I O U
B P R B S B L I E Q U W L E
T Z E F O R M A T G E I E T
P O R P I Ò P B S P K T T R
N A A E O Q B L H T Q E F Z
R S E R G U L Q À X R Ç R R
P N U N U I A I S T Y E A P
M O W I R L T L I G A Z Ï C
I K H L T T U A S J K N M W
```

PLÀTAN   PA
BRÒQUIL   PEIX
CIRERA   POLLASTRE
XOCOLATA   TOMÀQUET
FORMATGE   PERNIL
BOLET   ARRÒS
BLAT   API
KIWI   OU
POMA   RAÏM
ALBERGÍNIA   IOGURT

59 - Nutrizione

```
X E O C A L O R I E S Z N Ç
U L S X F X Í R L S A O U F
N V G P R W Ç Q H H B C T E
E F M E È Q L D U Y O O R R
Q Q W S S C I I S I R M I M
U U S T J P I G O S D E E E
I A A M A R G E H A I S N N
L L L A F O H S S L E T T T
I I U M P T Z T R U T I O A
B T D R U E Y I U T A B K C
R A A V A Ï T Ó I L Ç L Ç I
A T B T T N C I U Y E E T Ó
T V L Q J E N Ç T S A L S A
N N E K H S U T O X I N A J
```

AMARG
APETIT
EQUILIBRAT
CALORIES
COMESTIBLE
DIETA
DIGESTIÓ
FERMENTACIÓ
SABOR
LÍQUIDS

NUTRIENT
PES
PROTEÏNES
QUALITAT
SALSA
SALUT
SALUDABLE
ESPÈCIES
TOXINA

60 - Matematica

```
A P X P A R A L · L E L E E E
R S E F Q D E V O L U M Q X
I D F R V I T C S U M A U P
T A H A Í À W P T J F L A O
M X T C X M Q H O A T T C N
È T S C A E E K O L N M I E
T R I I N T E T F Í G Ó N
I I M Ó G R M V R B C G L T
C A E R L E M M R E G T O E
A N T D E C I M A L A Z N N
K G R Z S Q U A D R A T R O
U L I S G K X G I A D K L X
H E A D I V I S I Ó X I M S
P E R P E N D I C U L A R H
```

ANGLES
ARITMÈTICA
DECIMAL
DIÀMETRE
DIVISIÓ
EQUACIÓ
EXPONENT
FRACCIÓ
PARAL·LEL
PERÍMETRE

PERPENDICULAR
POLÍGON
QUADRAT
RADI
RECTANGLE
SIMETRIA
SUMA
TRIANGLE
VOLUM

61 - Vacanza #1

```
W  T  T  J  K  R  R  I  I  M  J  K  D  K
P  R  Q  U  F  E  Ç  P  R  O  N  Y  U  A
U  A  R  U  R  W  T  W  B  T  L  L  A  C
P  M  S  M  O  I  Z  W  A  X  G  S  N  E
A  V  I  E  J  V  S  A  I  I  O  E  A  X
R  I  O  N  K  K  M  M  M  L  K  X  K  P
A  A  O  Z  Ç  R  D  U  E  L  H  W  S  E
I  M  O  N  E  D  A  N  S  A  R  X  O  D
G  U  G  C  E  T  N  Q  N  E  D  A  R  I
U  S  Y  J  O  Y  A  V  I  Ó  U  H  T  C
A  I  Z  Y  I  T  I  N  E  R  A  R  I  I
I  C  R  E  L  A  X  A  C  I  Ó  I  D  Ó
X  I  B  I  T  L  L  E  T  A  P  L  A  J
Ç  G  I  E  K  H  N  R  M  A  L  E  T  A
```

AVIÓ	SORTIDA
COTXE	RELAXACIÓ
BITLLET	EXPEDICIÓ
DUANA	TRAMVIA
ITINERARI	TURISME
LLAC	MALETA
MUSEU	MONEDA
NEDAR	MOTXILLA
PARAIGUA	

62 - Meditazione

```
C N M E N T A L P A U C P A
A R A O S I L E N C I O E C
L E T T V P R K Y N B M R C
M S E O U I U X I C O P S E
A P N B J R M E N T N A P P
C I C S J M A E F D D S E T
L R I E Ç G L N H A S C A
A A Ó R H B R A E T T I T C
R C Y V U V A M Q S I Ó I I
E I S A R J Ï T Q G A Y V Ó
D Ó D C Z O M Ú S I C A A A
A Y C I Z K E M O C I O N S
T C P Ó P E N S A M E N T S
U J V W U Q T P O S T U R A
```

ACCEPTACIÓ	MOVIMENT
ATENCIÓ	MÚSICA
CALMA	NATURALESA
CLAREDAT	OBSERVACIÓ
COMPASSIÓ	PAU
EMOCIONS	PENSAMENTS
BONDAT	POSTURA
AGRAÏMENT	PERSPECTIVA
MENTAL	RESPIRACIÓ
MENT	SILENCI

63 - Estate

```
V K N J G V J A F S V R O O
E A Y Ç I B A M Ú S I C A C
P S C Q E Y R I P O A C A I
L A T A Ç K D C À M P I N G
A N V R N Y Í S M E N J A R
T D S A E C C F A M Í L I A
J À Z P R L E A M E F B W M
A L Q N W T L S S G O I G A
G I A C X O P E B A J P S R
Ç E J O C S V Y S Q I Y D D
I S R E C O R D S P E R G I
R E L A X A C I Ó V U N E A
L L I B R E S B U S S E I G
Q O Ç P B X V I A T G E A W
```

AMICS
CÀMPING
CASA
MENJAR
FAMÍLIA
JARDÍ
JOCS
GOIG
BUSSEIG
LLIBRES

MAR
MÚSICA
RECORDS
RELAXACIÓ
SANDÀLIES
PLATJA
ESTRELLES
OCI
VACANCES
VIATGE

64 - Escursionismo

```
P S N B V D G W C P N A P C
A E A P A I G U A R A N E I
R J D L A W M F N E T I N M
C J I R V A U U S P U M Y E
S M N C E A N L A A R A A R
O B O T E S T E T R A L S A
W P U W E V A G P A L S E V
C W H V C R N U E C E J G U
A X G B À U Y I S I S U A R
B H C Z M L A E A Ó A F T U
X X P L P N W S T S E G P B
D K O R I E N T A C I Ó H T
B C I O N M A P A I O S O L
N U L W G O A R I S C O S Q
```

AIGUA
ANIMALS
CÀMPING
CLIMA
GUIES
MAPA
MUNTANYA
NATURALESA
ORIENTACIÓ
PARCS

RISCOS
PESAT
PEDRES
PREPARACIÓ
PENYA-SEGAT
SALVATGE
SOL
CANSAT
BOTES
CIMERA

65 - Professioni #1

```
C B P K Y R P C K K C X C U
N A L I T T C J H D L A I G
A N Ç B A L L A R I N A E T
X Q N A G N G D V V E S N I
L U Q M D E I U B E D T T N
A E M B F O Ò S K V I R Í F
M R Ú A H S R L T K T Ò F E
P P S I S K Q Ç E A O N I R
I I I X J O I E R G R O C M
S V C A R T Ò G R A F M Z E
T K K D P S I C Ò L E G Y R
A D V O C A T Z I D N R K A
H X A R T I S T A K U E Q Y
E N T R E N A D O R Y A H V
```

ENTRENADOR
AMBAIXADOR
ARTISTA
ASTRÒNOM
ADVOCAT
BALLARINA
BANQUER
CAÇADOR
CARTÒGRAF

EDITOR
GEÒLEG
JOIER
LAMPISTA
INFERMERA
MÚSIC
PIANISTA
PSICÒLEG
CIENTÍFIC

66 - Antartide

```
N Z N N T E I M T P C Z I I
K M G A O X N E E E O G E L
A M E Y P P V D M N N L W L
Q I O O O E E I P Í S A X E
C G G G G D S A E N E C N S
I R R U R I T M R S R E Y Ç
E A A M A C I B A U V R E M
N C F U F I G I T L A E B N
T I I P I Ó A E U A C S A Ú
Í Ó A Z A O D N R O I A D V
F Z Q L R S O T A F Ó M I O
I M M I N E R A L S R N A L
C O N T I N E N T R O C Ó S
I I V T C B A L E N E S M M
```

AIGUA
MEDI AMBIENT
BADIA
BALENES
CONSERVACIÓ
CONTINENT
GEOGRAFIA
GLACERES
GEL
ILLES

MIGRACIÓ
MINERALS
NÚVOLS
PENÍNSULA
INVESTIGADOR
ROCÓS
CIENTÍFIC
EXPEDICIÓ
TEMPERATURA
TOPOGRAFIA

67 - Libri

```
C Q K O J P K O G S F R Q I
O I B Ç Y O W W Z L A E W P
L C O N T E X T A F V L Q Z
· K T O C S X U Z E E L Ç E
L A W V O I P Z G H N E L Ç
E H A E È A H S O U T V E Z
C S U L P À G I N A U A C T
C Z E · I W I E S U R N T R
I Q V L C F Ç W E T A T O À
Ó L P A A U C Y S O Ò F R G
L I T E R A R I C R L R T I
D U A L I T A T R D Y R I C
N A R R A D O R I F A V V A
S È R I E H I S T Ò R I C O
```

AUTOR
AVENTURA
COL·LECCIÓ
CONTEXT
DUALITAT
ÈPICA
LITERARI
LECTOR
NARRADOR

PÀGINA
POESIA
RELLEVANT
NOVEL·LA
ESCRIT
SÈRIE
HISTÒRIA
HISTÒRIC
TRÀGIC

68 - Geografia

```
A E A D O M W H N H C L D O
E L Q P E A Ç E L L A O E P
Ç O T T S P F M E R I D I À
Q N S I T A Z I L L A C V Z
R G B U T M O S A P L R N D
I I V S D U C F Q A T L E S
U T E L M J D E W Í T H M R
S U I Ç A B G R G S L F U I
P D P H R T I I N O R D N M
Ç V C S M W I E N Z E Y T G
R E G I Ó D J T C I U T A T
J Y T T N X K B U Ç C P N W
C O N T I N E N T D Z N Y L
T E R R I T O R I F P A A E
```

ALTITUD	MAR
ATLES	MERIDIÀ
CIUTAT	MÓN
CONTINENT	MUNTANYA
HEMISFERI	NORD
RIU	OEST
ILLA	PAÍS
LATITUD	REGIÓ
LONGITUD	SUD
MAPA	TERRITORI

69 - Cibo #1

```
C  P  A  O  R  Ç  E  S  P  I  N  A  C  S
A  A  M  A  D  U  I  X  A  E  G  I  E  O
R  S  A  L  Ç  U  Ç  B  S  Y  R  P  B  G
N  T  N  L  L  E  T  T  U  D  Q  A  A  V
E  Í  I  T  Q  I  M  J  C  K  M  S  A  U
N  S  D  O  T  F  M  M  R  R  E  T  R  X
S  N  A  N  R  U  F  O  E  J  N  A  L  V
U  U  A  Y  W  D  Y  D  N  P  T  N  P  E
C  K  O  I  S  W  I  R  M  A  A  A  A  V
O  S  Ç  N  A  P  G  J  Ç  E  P  G  R  R
N  E  K  A  L  F  À  B  R  E  G  A  V  V
C  A  N  Y  E  L  L  A  O  O  T  Ç  B  G
Q  G  Y  X  F  R  E  L  F  H  M  R  L  X
G  T  M  K  L  R  Q  O  L  G  Y  N  V  Q
```

ALL	MENTA
ALFÀBREGA	ORDI
CANYELLA	PERA
CARN	NAP
PASTANAGA	SAL
CEBA	ESPINACS
MADUIXA	SUC
AMANIDA	TONYINA
LLET	PASTÍS
LLIMONA	SUCRE

70 - Aeroplani

```
N  T  D  B  F  Z  N  G  L  O  B  U  S  B
B  Z  C  P  A  S  S  A  T  G  E  R  H  X
Y  S  L  X  I  A  M  V  V  S  I  Q  I  L
P  S  N  Z  R  N  O  E  O  E  C  M  S  O
H  P  B  U  E  Q  T  N  O  O  G  J  T  V
M  C  V  P  I  L  O  T  J  T  L  A  Ò  Ç
A  C  O  N  S  T  R  U  C  C  I  Ó  R  C
D  M  J  C  H  I  D  R  O  G  E  N  I  E
J  E  B  D  Y  R  W  A  L  T  U  R  A  L
C  V  S  I  T  R  I  P  U  L  A  C  I  Ó
Z  Z  Q  C  E  A  T  E  R  R  A  T  G  E
F  V  V  H  E  N  D  I  R  E  C  C  I  Ó
P  Y  A  Q  M  N  T  A  L  T  I  T  U  D
V  C  O  M  B  U  S  T  I  B  L  E  D  K
```

ALTURA	DESCENS
ALTITUD	TRIPULACIÓ
AIRE	HIDROGEN
AMBIENT	MOTOR
ATERRATGE	NAVEGAR
AVENTURA	GLOBUS
COMBUSTIBLE	PASSATGER
CEL	PILOT
CONSTRUCCIÓ	HISTÒRIA
DIRECCIÓ	

71 - Pirati

```
Ç  D  S  C  I  C  A  T  R  I  U  L  O  M
Q  A  A  A  V  E  N  T  U  R  A  L  T  U
V  X  T  P  E  R  I  L  L  O  U  E  V  U
P  T  J  I  L  L  A  T  V  F  E  G  E  V
N  L  H  T  B  A  N  D  E  R  A  E  S  O
À  I  A  À  M  A  P  A  Y  T  Ç  N  P  R
K  N  M  T  R  O  M  S  K  D  I  D  A  S
O  V  C  L  J  H  C  O  Z  O  Ç  A  S  P
Y  H  J  O  A  A  O  B  N  L  O  J  A  L
Y  C  Ç  G  R  X  V  T  R  E  S  O  R  L
Y  P  P  N  E  A  A  X  I  N  D  Y  B  O
B  R  Ú  I  X  O  L  A  F  T  K  E  P  R
T  R  I  P  U  L  A  C  I  Ó  I  S  S  O
G  D  O  D  U  P  L  L  B  G  F  H  Ç  E
```

ÀNCORA	LLEGENDA
AVENTURA	MAPA
BANDERA	MONEDES
BRÚIXOLA	OR
CAPITÀ	LLORO
DOLENT	PERILL
CICATRIU	ROM
TRIPULACIÓ	ESPASA
COVA	PLATJA
ILLA	TRESOR

72 - Colori

```
V C I A N I E N X M N L Z F
E X A G S M Ç O E L U T Ç Ú
R D Ç R V G R O C G R I S C
M V B O M R S X B J R I P S
E E L S A E D L L B N E I I
L R A A G O S T A R O N J A
L D N M E V È Í U B D R N N
L L C Y N L P O R P R A D I
V Y I Q T Y I T B E I X R W
M V S X A Ç A V C C Y R P A
N A Ç B S A I X E E I X B K
C R R K G L U J M F O A U F
K M M R M D I X B E L U L T
Ç P U C Ó Z L K F O F T U R
```

TARONJA
BEIX
BLANC
BLAU
CIAN
CARMESÍ
FÚCSIA
GROC
GRIS

MAGENTA
MARRÓ
NEGRE
ROSA
VERMELL
SÈPIA
VERD
PORPRA

73 - Spiaggia

```
L O W O Z S B C R A N C V V
D L B J V X A D O C E À E C
K L A J K I P N E S C U L L
K D R C K P T Z D E T L E A
L R C I U S O L D À M A R I
Z Z A L Q N V B Q E L P Q J
V H B L A U A Z O I M I Ç A
N E D A R L L E P L O T E C
A W C E I M L R B X L P K S
C H F N L X O V X G L X F O
F C Ç F X L L J V I T A H R
H H S B P P A R A I G U A R
V A C A N C E S C S T L D A
Y J G Y U W Ç C H F E N M W
```

TOVALLOLA	MAR
BARCA	NEDAR
VELER	OCEÀ
BLAU	PARAIGUA
COSTA	SORRA
MOLL	SANDÀLIES
CRANC	ESCULL
ILLA	SOL
LLACUNA	VACANCES

74 - Avventura

```
E N T U S I A S M E S I N I
G A O O T Y T A Z X E T A N
O T F U O Y L M C C G I V U
I U B G D Z H I X U U N E S
G R E P T E S C B R R E G U
Q A I H V J S S R S E R A A
P L Ç U Y B T K I T A C L
B E L L E S A W I Ó A R I Q
R S V I A T G E S N T I Ó O
U A D X P R E P A R A C I Ó
Z B A C T I V I T A T C D T
O P O R T U N I T A T D I F
V X D I F I C U L T A T A Ó
V A L E N T I A M M Q G S E
```

AMICS
ACTIVITAT
BELLESA
OPORTUNITAT
VALENTIA
DESTINACIÓ
DIFICULTAT
ENTUSIASME
EXCURSIÓ
GOIG

INUSUAL
ITINERARI
NATURALESA
NAVEGACIÓ
NOU
PREPARACIÓ
REPTES
SEGURETAT
VIATGES

75 - Forme

```
C I L I N D R E V E B C O T
C T H I P È R B O L A U V R
E O G Ç M O F F R · E B A I
Y V S G Q J Y X E L Ç L L A
V C U T U Q D K S I Z Ç F N
A T U W A R C O N P B C B G
C O C X D T A P M S P U Ç L
L E K U R D N O W E I B Z E
F Í R N A W T L H S R E Z C
Ç Y N C T X O Í B F À R B A
S O Ç I L C N G R E M S T Z
K H W S A E A O P R I S M A
C O R B A Q D N J A D T W V
Ç B R E C T A N G L E W Y L
```

CANTONADA	COSTAT
ARC	LÍNIA
VORES	OVAL
CERCLE	PIRÀMIDE
CILINDRE	POLÍGON
CON	PRISMA
CUB	QUADRAT
CORBA	RECTANGLE
EL·LIPSE	ESFERA
HIPÈRBOLA	TRIANGLE

76 - Oceano

```
V T H H W Ç L F M P E I X T
B A R C A W N V A V E F E O
U U O N E S K M R S M B F N
N R S A L Ç H W E D I Q H Y
V Ó T I W R G T E D G Y G I
E K R A I M J J S Ç U J L N
Q S A A N G U I L A E S K A
D M C T D O F Í K W C V E L
J P O U O W Z R L X R Y S S
Q O R V L R M Q A Ç A A P H
D P A L V L T G J F N I O V
B A L E N A B U I E C B N Y
T E M P E S T A G J Y C J S
I G A M B A D Q Y A B O A L
```

ANGUILA	OSTRA
BALENA	PEIX
BARCA	POP
CORAL	SAL
DOFÍ	ESCULL
GAMBA	ESPONJA
CRANC	TAURÓ
MAREES	TORTUGA
MEDUSES	TEMPESTA
ONES	TONYINA

77 - Famiglia

```
Y  G  P  H  J  D  L  E  N  A  M  T  B  I
P  I  A  H  F  V  G  X  S  P  A  V  I  H
Y  D  W  Z  M  H  J  E  T  H  R  Ç  S  R
I  N  F  A  N  T  E  S  A  C  I  B  L  P
M  G  G  M  E  I  P  Ç  P  O  T  H  H  F
F  A  E  A  N  A  R  N  U  S  A  G  H  G
I  I  T  R  A  P  B  C  É  Í  S  E  K  Y
L  Ç  D  E  M  I  D  P  A  T  E  R  N  A
L  S  L  F  R  A  O  E  G  O  N  M  E  U
A  D  E  N  K  N  N  P  A  R  E  À  N  A
S  Q  W  A  C  H  A  A  O  V  B  V  S  V
W  P  M  T  O  N  C  L  E  O  O  I  M  E
W  L  O  O  X  I  M  F  T  L  T  A  B  H
A  S  L  A  V  A  N  T  P  A  S  S  A  T
```

AVANTPASSAT	DONA
NENS	NEBOT
NEN	NÉT
COSÍ	ÀVIA
FILLA	AVI
GERMÀ	PARE
INFANTESA	PATERNA
MARE	GERMANA
MARIT	TIA
MATERNAL	ONCLE

78 - Veicoli

```
H F O C Z D S A U T O B Ú S
B E N A O Ç M I V S B A P C
I A L O R F E R R I X M N A
C J R I C O T X E C Ó B E R
I R A C C S R W N W N U U A
C N V O Ò O T I X T L M V
L R J E M P P U F J R À À A
E G T T I S I T Ç Q A N T N
T T R Ç Ó U U M E Q C C I A
A K E J Y B D G R R T I C T
Ç S N L C M F G C O O A S A
B A S S A A G N M Z R Y P X
O M U Q Z R S C O O T E R I
M O T O R Í R S S O K F N C
```

AVIÓ	MOTOR
AMBULÀNCIA	PNEUMÀTICS
COTXE	COET
AUTOBÚS	SCOOTER
BARCA	SUBMARÍ
BICICLETA	TAXI
CAMIÓ	FERRI
CARAVANA	TRACTOR
HELICÒPTER	TREN
METRO	BASSA

79 - Emozioni

```
P  P  A  G  R  A  Ï  T  C  G  W  K  R  I
A  O  A  T  R  I  S  T  E  S  A  B  E  N
C  K  R  U  B  P  J  D  Ç  M  H  A  L  M
S  E  S  D  R  K  Y  T  B  O  N  D  A  T
I  A  E  M  O  C  I  O  N  A  T  F  X  D
M  V  T  C  S  O  R  P  R  E  S  A  A  C
P  O  E  I  F  Q  U  R  G  R  W  K  T  O
A  R  N  R  S  B  E  M  O  E  M  I  Z  N
T  R  D  A  Q  F  E  L  I  C  I  T  A  T
I  I  R  F  Ç  O  E  K  G  N  H  Y  Ç  I
A  M  E  D  G  S  B  T  K  A  C  C  P  N
Z  E  S  P  C  A  L  M  A  N  V  U  Z  G
I  N  A  V  E  R  G  O  N  Y  I  T  D  U
X  T  A  M  O  R  E  L  L  E  U  F  B  T
```

AMOR	PAU
FELICITAT	POR
CALMA	IRA
CONTINGUT	RELAXAT
EMOCIONAT	RELLEU
BONDAT	SIMPATIA
GOIG	SATISFET
AGRAÏT	SORPRESA
AVERGONYIT	TENDRESA
AVORRIMENT	TRISTESA

80 - Natura

```
M  B  O  S  C  Q  U  K  V  D  A  T  F  C
G  U  O  S  K  W  L  J  I  X  B  R  U  R
L  C  N  S  A  L  V  A  T  G  E  O  L  Q
A  N  N  T  S  N  B  L  A  F  L  P  L  H
C  Ú  H  S  A  F  I  E  L  H  L  I  A  S
E  V  P  U  N  N  I  M  L  J  E  C  T  E
R  O  I  K  T  U  Y  G  A  L  S  A  G  R
A  L  W  K  U  F  P  E  W  L  E  L  E  È
Ç  S  G  D  A  X  K  A  S  P  S  S  Z  L
M  W  B  R  R  À  R  T  I  C  K  Z  A  O
Ç  K  K  D  I  N  À  M  I  C  R  A  Z  X
E  R  O  S  I  Ó  Y  Y  B  O  I  R  A  C
D  E  S  E  R  T  N  R  E  F  U  G  I  W
N  V  O  U  Ç  H  H  D  V  V  V  Z  R  J
```

ANIMALS	GLACERA
ABELLES	MUNTANYES
ÀRTIC	BOIRA
BELLESA	NÚVOLS
DESERT	REFUGI
DINÀMIC	SANTUARI
EROSIÓ	SALVATGE
RIU	SERÈ
FULLATGE	TROPICAL
BOSC	VITAL

81 - Balletto

```
G A N S Z E S T I L E D J C
Ç E O R L H X T È C N I C A
V I S W C O M P O S I T O R
Y P M T U M A G R A C I A T
P X S S V Ú S P Q E M M H X
I R F E Q S S A U R S Ú A Z
I H À V V I A Y E V R S B S
D S E C C I G S Q D C I P
P X C C T A G Y T D Z U L U
R I T M E I N D R I K L I R
A U D I È N C I A N N S T Q
E T W B A L L A R I N A A C
A P L A U D I M E N T S T G
C O R E O G R A F I A H F G
```

HABILITAT
APLAUDIMENTS
BALLARINA
COMPOSITOR
COREOGRAFIA
EXPRESSIU
GEST
AGRACIAT
MÚSCULS

MÚSICA
ORQUESTRA
PRÀCTICA
ASSAIG
AUDIÈNCIA
RITME
ESTIL
TÈCNICA

82 - Castelli

```
S I A L N F O R T A L E S A
C P R I N C E S A E S S V R
O A Z P O I N U N X G P F M
R T V C G F S O D C S A C A
O O P A R E T C B A H S A D
N R Q I L H I P V L L A T U
A R H U O L D R A C E A A R
R E G N E E I Í K A W I P A
G Q I I P P N N G V J K U Z
Ç C Y C L E A C U A G A L F
F Q A O C S S E M L X I T J
G W A R Ç C T P A L A U A O
Q G X N M U I M P E R I S N
V L V U Z T A T K R I T Y D
```

ARMADURA
CATAPULTA
CAVALLER
CAVALL
CORONA
DINASTIA
DRAC
FEUDAL
FORTALESA
IMPERI

NOBLE
PALAU
PARET
PRÍNCEP
PRINCESA
REGNE
ESCUT
ESPASA
TORRE
UNICORN

83 - Foresta Pluviale

```
P  A  O  M  R  T  Y  I  C  C  Y  L  O  Ç
S  L  C  X  E  E  J  M  O  L  S  A  N  B
N  K  E  C  F  C  S  B  N  V  X  M  R  G
A  S  L  W  U  N  C  P  S  E  V  A  E  T
T  I  L  O  G  E  A  H  E  W  O  M  S  I
U  N  S  P  I  J  M  R  R  C  N  Í  T  C
R  S  Ú  V  J  U  F  C  V  D  T  F  A  L
A  E  P  V  R  N  I  U  A  O  B  E  U  I
L  C  M  B  O  G  B  A  C  G  O  R  R  M
E  T  Y  M  H  L  I  C  I  G  T  S  A  A
S  E  Y  X  Y  A  S  Z  Ó  A  À  J  C  E
A  S  U  P  E  R  V  I  V  È  N  C  I  A
L  C  C  X  X  E  S  P  È  C  I  E  Ó  W
I  P  V  A  L  U  Ó  S  J  F  C  Y  K  I
```

AMFIBIS
BOTÀNIC
CLIMA
JUNGLA
INSECTES
MAMÍFERS
MOLSA
NATURALESA
NÚVOLS

CONSERVACIÓ
VALUÓS
RESTAURACIÓ
REFUGI
RESPECTE
SUPERVIVÈNCIA
ESPÈCIE
OCELLS

84 - Edifici

```
F  I  H  H  C  A  B  I  N  A  E  Y  A  A
À  D  O  Y  O  A  K  V  E  N  H  E  O  M
B  A  S  J  B  C  S  S  Z  A  O  S  D  B
R  S  P  K  S  D  I  T  M  S  T  T  B  A
I  U  I  A  E  K  F  N  E  C  E  A  K  I
C  P  T  W  R  Ç  V  F  E  L  L  D  D  X
A  E  A  J  V  T  X  N  X  M  L  I  A  A
W  R  L  K  A  E  A  O  Z  M  A  N  L  D
O  M  E  H  T  N  S  M  U  S  E  U  B  A
B  E  S  R  O  D  X  R  E  B  N  Q  E  B
C  R  C  G  R  A  N  E  R  N  S  Q  R  Ç
Z  C  O  D  I  T  O  R  R  E  T  H  G  T
D  A  L  A  B  O  R  A  T  O  R  I  P  Q
S  T  A  F  T  E  A  T  R  E  U  Z  N  F
```

AMBAIXADA	HOSPITAL
APARTAMENT	OBSERVATORI
CABINA	ALBERG
CASTELL	ESCOLA
CINEMA	ESTADI
FÀBRICA	SUPERMERCAT
GRANER	TEATRE
HOTEL	TENDA
LABORATORI	TORRE
MUSEU	

85 - Paesi #2

```
H N L A F G K T Q R R U L T
A X C L A J M S E X Ú P I T
I V C B W M A C Í L S X B U
T N R À N U S X C R S Y È W
Í B J N I G È R I A I X R G
I B D I N A M A R C A A I D
Q U J A P Ó I R L A N D A X
O C A X L A O S U G A N D A
L R Q Q V G K J G M È X I C
G A U P S S C I N I E S H K
D Ï G R È C I A S E E U L N
I N D O N È S I A T P D E P
J A M A I C A U S H A A Y L
E T I Ò P I A O P E K N L X
```

ALBÀNIA	LIBÈRIA
DINAMARCA	MÈXIC
ETIÒPIA	NEPAL
JAMAICA	NIGÈRIA
JAPÓ	PAKISTAN
GRÈCIA	RÚSSIA
HAITÍ	SÍRIA
INDONÈSIA	SUDAN
IRLANDA	UCRAÏNA
LAOS	UGANDA

86 - Tipi di Capelli

```
C C U W V D U R X G R U I X
U H Ç L N Z P V I C O L O R
W B X C E Ç L I R U S U A U
S X K A G K Y S Z Q U L G H
E A C L R Í N X O L S L R F
C T L B E R P R I M U I I Z
S G C U R T I G W Z Ç S S F
L T B T D Ç C S V B F V P W
L O K L G A P L S M Ç Q L L
A P Z A A Y B X H A L T A R
R T C E E N L L P R T F T K
G O Z N H N C R E R C J A H
T R E N A T L Q F Ó L R Q J
H F W T R E N E S D H R N I
```

PLATA
SEC
BLANC
ROS
CURT
CALB
COLOR
GRIS
TRENAT
LLIS

LLARG
MARRÓ
SUAU
NEGRE
ARRISSAT
RÍNXOLS
SALUDABLE
PRIM
GRUIX
TRENES

87 - Vestiti

```
B  B  F  I  C  I  N  T  U  R  Ó  V  Ç  G
A  H  Q  N  D  A  V  A  N  T  A  L  O  U
R  Y  M  C  B  P  M  O  D  A  F  L  Q  A
R  V  E  S  T  I  T  I  Z  D  A  Z  K  N
E  F  J  F  L  J  P  R  S  H  L  Q  P  T
T  C  O  L  L  A  R  E  T  A  D  J  O  S
T  S  J  X  M  M  O  L  T  B  I  A  L  B
Q  E  U  J  L  A  N  Ç  I  R  L  Q  S  U
N  M  X  È  B  R  U  S  A  I  L  U  E  F
W  V  C  A  T  J  L  B  W  C  A  E  R  A
Y  V  Z  X  N  E  Ç  S  A  B  A  T  A  N
H  G  U  P  Y  S  R  Q  H  C  P  A  O  D
P  A  N  T  A  L  O  N  S  E  G  U  W  A
S  A  N  D  À  L  I  E  S  Ç  K  G  D  W
```

VESTIT	DAVANTAL
POLSERA	GUANTS
BRUSA	TEXANS
CAMISA	SUÈTER
BARRET	MODA
ABRIC	PANTALONS
CINTURÓ	PIJAMA
COLLARET	SANDÀLIES
JAQUETA	SABATA
FALDILLA	BUFANDA

88 - Attività e Tempo Libero

```
V  Q  D  E  O  S  C  R  P  A  T  R  P  C
P  B  V  T  P  Z  À  M  I  F  Y  G  S  O
T  E  N  N  I  S  M  G  N  I  M  K  U  M
H  C  S  S  A  Q  P  F  T  C  C  U  R  P
N  C  R  Ç  H  I  U  U  I  Y  M  F  R
V  A  R  Z  A  G  N  T  R  O  E  Y  N  E
I  X  T  D  V  R  G  B  A  N  A  R  T  S
A  M  G  A  J  B  O  O  E  S  B  G  Z  K
T  Q  J  Ç  C  Q  L  L  T  I  À  E  U  V
G  E  Q  R  Ç  I  F  B  U  S  S  E  I  G
E  A  A  D  D  N  Ó  Z  H  A  Q  B  Y  J
S  E  N  D  E  R  I  S  M  E  U  O  O  S
V  O  L  E  I  B  O  L  A  J  E  X  G  L
R  E  L  A  X  A  N  T  Ç  Z  T  A  I  B
```

ART
BEISBOL
BÀSQUET
BOXA
FUTBOL
CÀMPING
SENDERISME
GOLF
AFICIONS
BUSSEIG

NATACIÓ
VOLEIBOL
PESCAR
PINTURA
RELAXANT
COMPRES
SURF
TENNIS
VIATGE

89 - Tecnologia

```
N  G  C  À  M  E  R  A  F  O  I  P  O  S
U  M  D  J  D  S  D  I  G  I  T  A  L  E
T  C  B  B  Y  T  E  S  J  D  O  N  N  G
P  R  O  G  R  A  M  A  R  I  R  T  A  U
C  H  E  V  E  D  X  J  C  U  D  A  V  R
N  V  U  I  C  Í  A  P  A  X  I  L  E  E
A  I  I  R  E  S  I  D  T  O  N  L  G  T
B  R  J  U  R  T  U  N  E  T  A  A  A  A
L  T  X  S  C  I  H  B  T  S  D  O  D  T
O  U  V  I  A  Q  O  P  K  E  O  V  O  Q
G  A  E  O  U  U  S  Ç  E  O  R  T  R  O
E  L  Ç  Y  B  E  M  O  B  H  Y  N  J  C
C  J  W  M  I  S  S  A  T  G  E  T  E  E
W  Ç  C  U  R  S  O  R  C  C  Y  N  T  T
```

BLOG
NAVEGADOR
BYTES
ORDINADOR
CURSOR
DADES
DIGITAL
ARXIU
INTERNET

MISSATGE
RECERCA
PANTALLA
SEGURETAT
PROGRAMARI
ESTADÍSTIQUES
CÀMERA
VIRTUAL
VIRUS

90 - Arte

```
I  P  E  S  C  U  L  T  U  R  A  D  D  X
H  N  S  X  Z  O  S  P  O  E  S  I  A  G
N  U  S  K  P  R  E  T  R  A  T  A  R  Q
N  X  M  P  E  R  S  O  N  A  L  L  U  H
C  I  S  O  I  C  E  R  À  M  I  C  A  N
R  F  E  N  R  R  B  S  E  N  Z  I  L  L
E  R  A  C  Z  F  A  Z  S  J  Y  O  U  P
A  A  H  O  N  E  S  T  Q  I  U  M  R  I
R  C  O  M  P  O  S  I  C  I  Ó  M  M  N
O  H  V  P  P  S  Í  M  B  O  L  R  P  T
V  G  P  L  V  I  S  U  A  L  J  K  G  U
X  U  T  E  M  A  Ç  H  W  F  H  P  M  R
F  Z  Q  X  Y  K  W  X  J  O  U  S  T  E
O  R  I  G  I  N  A  L  N  I  W  P  C  S
```

CERÀMICA	PERSONAL
COMPLEX	POESIA
COMPOSICIÓ	RETRATAR
CREAR	ESCULTURA
PINTURES	SENZILL
EXPRESSIÓ	SÍMBOL
XIFRA	TEMA
INSPIRAT	HUMOR
HONEST	VISUAL
ORIGINAL	

91 - Meteo

```
U  R  R  N  A  T  H  J  C  P  S  O  G  T
T  N  Ú  V  O  L  R  U  G  O  E  J  E  E
A  H  P  D  S  M  F  O  R  L  C  K  N  M
T  E  M  P  E  S  T  A  Y  A  K  F  L  P
A  U  F  Ç  I  S  R  R  O  R  C  E  L  E
D  M  O  N  S  Ó  U  Ç  K  N  A  À  A  R
B  Ç  B  Z  U  Ç  Y  O  W  C  L  I  M  A
R  Ç  O  I  G  I  D  V  Ç  Z  M  O  P  T
I  I  I  S  E  Q  U  E  R  A  A  U  S  U
S  G  R  D  L  N  B  N  B  B  J  N  Q  R
A  R  A  B  Z  U  T  T  K  W  U  N  V  A
N  E  T  R  O  P  I  C  A  L  Q  G  A  N
T  O  R  N  A  D  O  E  E  K  T  D  I  W
N  Z  P  X  N  A  N  V  L  F  E  T  G  M
```

SEC	NÚVOL
AMBIENT	POLAR
BRISA	SEQUERA
CALMA	TEMPERATURA
CEL	TEMPESTA
CLIMA	TORNADO
LLAMPS	TROPICAL
GEL	TRO
MONSÓ	HURACÀ
BOIRA	VENT

92 - Corpo Umano

```
U  R  I  V  S  U  K  R  W  J  G  M  Ç  D
C  E  R  V  E  L  L  B  A  R  B  E  T  A
D  U  P  X  C  L  E  O  E  L  Q  C  U  N
I  C  R  Ç  K  Z  S  C  G  F  C  O  R  Y
T  E  K  G  W  T  P  A  P  E  L  L  M  À
Q  Ç  Y  Ç  M  P  A  I  E  Z  N  L  E  Q
D  G  B  I  K  B  T  R  R  H  F  O  L  T
T  X  A  E  B  P  L  O  V  L  Ç  O  L  W
C  A  M  A  S  M  L  O  H  C  O  E  C  L
H  T  R  S  S  T  A  P  F  E  R  B  U  H
C  O  L  Z  E  B  Ó  K  O  L  E  M  W  X
A  N  K  Y  V  K  X  M  K  Z  L  P  M  D
P  T  A  Y  G  Z  I  G  A  O  L  U  R  Ç
X  B  P  S  A  N  G  I  Q  C  A  R  A  H
```

BOCA	MÀ
TURMELL	BARBETA
CERVELL	NAS
COLL	ULL
COR	ORELLA
DIT	PELL
CARA	SANG
CAMA	ESPATLLA
GENOLL	ESTÓMAC
COLZE	CAP

93 - Mammiferi

```
Ç Q V H Z K N U V S C M K C
O T X A A O Y I K O D Z U O
M Ç Ç P C E Z F O W X Q Q N
O I E L E F A N T O C A R I
Ç S C U E F Q G I R A F A L
W F B O U T C B E A N J R L
G U I N E U U A P J G O S L
A O C O I O T L V K U V D E
T G V L L O P E Ç A R B O Ó
T T V E B R O N R Ó L Y F P
G O R I L · L A S S W L Í Z
Z E B R A L U G C É R V O L
V Y J K Z X A L W W H M V N
B P Z S N R Y O G O Z R M O
```

BALENA
GOS
CANGUR
CAVALL
CÉRVOL
CONILL
COIOT
DOFÍ
ELEFANT
GAT

GIRAFA
GORIL·LA
LLEÓ
LLOP
ÓS
OVELLA
MICO
BOU
GUINEU
ZEBRA

94 - Arrampicata

```
G  A  Ç  Q  V  O  J  Q  U  K  A  Y  T  L
I  U  M  L  E  S  I  Ó  Y  G  G  K  J  K
M  V  I  B  R  E  L  C  D  S  U  V  N  Ç
L  M  U  E  I  E  F  O  R  M  A  C  I  Ó
N  G  Ç  D  S  E  P  E  K  O  N  K  A  E
F  Í  S  I  C  Y  N  T  Z  K  T  J  L  F
C  A  S  C  V  B  O  T  E  S  S  A  T  C
W  V  S  E  N  D  E  R  I  S  M  E  I  O
E  S  T  A  B  I  L  I  T  A  T  S  T  V
F  O  R  Ç  A  E  X  P  E  R  T  T  U  A
S  X  T  E  R  R  E  N  Y  L  M  R  D  K
E  B  I  U  J  I  E  L  C  B  A  E  H  M
C  U  R  I  O  S  I  T  A  T  P  T  Q  V
L  G  K  A  W  A  Z  P  B  J  A  J  Z  N
```

ALTITUD
AMBIENT
CASC
CURIOSITAT
SENDERISME
EXPERT
FÍSIC
FORMACIÓ
FORÇA
COVA

GUANTS
GUIES
LESIÓ
MAPA
REPTES
ESTABILITAT
BOTES
ESTRET
TERRENY

95 - Animali Domestici

```
G G M E N J A R K C T Z Q V
Z X Z I A Y N Z O A O C U A
W Y H L V P E G X D R O Ç C
G S À Q A E G Q X E T L N A
A O M B C I T A Q L U L A I
T L S Y F X C E T L G Ç T G
L C T E G U F S R E A L Y U
I O E O Q G Q L K I T W L A
E R R P Y P J K C O N I L L
T R R A T O L Í A T O A O M
H E E W S T E I B J G Q R A
W T W K Z E A N R I Ç I O I
L J V P G S T J A O L V T V
S A R G A N T A N A R P F L
```

AIGUA	GAT
GOS	CORRETJA
CABRA	SARGANTANA
MENJAR	VACA
CUA	LLORO
COLL	PEIX
CONILL	TORTUGA
HÀMSTER	RATOLÍ
CADELL	VETERINARI
GATET	POTES

96 - Cucina

```
D A V A N T A L O N P O T T
G R A E L L A L D E Ç S H O
B U L L I D O R T V C U J V
B Y P P D C U L L E R E S A
O G A N I V E T S R E W I L
L R Ç G E R R A Ç A R F V L
C U L L E R O T F O R N C Ó
E E S P È C I E S Y Q E M Ç
E S C U R A D E N T S P E A
D Z P T A S S E S G Ç P N G
D Q C O N G E L A D O R J R
V X K J N R R E C E P T A I
I K F V H J M B M Y A Q R E
O F D B B Q A U K C K O R C
```

ESCURADENTS
BULLIDOR
GERRA
MENJAR
BOL
GANIVETS
CONGELADOR
CULLERES
FORN
NEVERA

DAVANTAL
GRAELLA
CULLEROT
RECEPTA
ESPÈCIES
ESPONJA
TASSES
TOVALLÓ
POT

97 - Vacanze #2

```
P D E S T I N A C I Ó A S R
A T R A N S P O R T R E O E
S T A X I T W K X V D R T S
S U A E R E R D P G S O P T
A H N N X M S E Q O Q P P A
P N A X Y F E T N J M O W U
O C A B Y S V S R M L R O R
R B U Y P L A T J A A T C A
T L I H K F C L Ç R N P I N
F O T O G R A F I E S G A T
V I A T G E N T E N D A E Q
I R U E M Q C À M P I N G R
S I B L Y D E I L L A S H P
W H S P V I S A T N R Q K Z
```

AEROPORT
CÀMPING
DESTINACIÓ
FOTOGRAFIES
HOTEL
ILLA
MAPA
MAR
PASSAPORT
RESTAURANT

PLATJA
ESTRANGER
TAXI
OCI
TENDA
TRANSPORT
TREN
VACANCES
VIATGE
VISAT

98 - Attività

```
S E N D E R I S M E D A J G
W P L H R O Y L R V Z R A R
O M E I R P J O A R T T R U
C O S I R P E S C A R E D L
H A B I L I T A T Y C S I E
Q N Ç L I U T Z I L E A N C
L P L A E R M H V Ç R N E T
T D E Y M H Ç Q I C À I R U
W C Q J V À J D T Z M A I R
M D F O T O G R A F I A A A
R F O C I A O I T B C T S P
E N Z S H R E L A X A C I Ó
Ç I N T E R E S S O S L Z Ç
C À M P I N G X O K I U L F
```

HABILITAT
ART
ARTESANIA
ACTIVITAT
CAÇA
CÀMPING
CERÀMICA
COSIR
BALL
SENDERISME

FOTOGRAFIA
JARDINERIA
JOCS
INTERESSOS
LECTURA
MÀGIA
PESCAR
PLAER
RELAXACIÓ
OCI

99 - Forniture Artistiche

```
O  S  G  Ç  B  A  C  V  V  J  K  O  C  T
G  D  B  I  K  C  P  A  P  E  R  L  R  S
P  I  N  T  U  R  E  S  D  L  Ç  A  E  J
C  A  R  B  Ó  Í  T  H  F  I  B  Q  A  B
I  A  S  S  Q  L  U  A  I  C  R  U  T  A
D  E  V  R  S  I  C  R  U  O  T  A  I  I
E  S  C  A  J  C  O  G  D  L  U  R  V  G
E  Q  O  S  L  N  L  I  H  O  A  E  I  U
S  X  L  P  L  L  I  L  P  R  H  L  T  A
R  S  A  A  A  X  E  A  Q  S  P  ·  A  B
X  V  A  L  P  C  X  T  F  Ç  H  L  T  V
A  F  R  L  I  Q  T  I  N  T  A  E  H  M
X  P  L  S  S  C  À  M  E  R  A  S  A  O
E  F  D  M  Q  H  O  K  C  C  F  D  J  N
```

AIGUA	IDEES
AQUAREL·LES	TINTA
ACRÍLIC	LLAPIS
ARGILA	OLI
CARBÓ	CADIRA
PAPER	RASPALLS
CAVALLET	TAULA
COLA	CÀMERA
COLORS	PINTURES
CREATIVITAT	

100 - Misurazioni

```
R  V  C  M  X  J  M  P  E  S  H  X  G  G
D  L  N  T  F  I  I  R  I  H  W  O  K  K
L  W  X  N  N  P  N  O  F  N  Ç  N  Q  Q
L  V  S  P  D  P  U  F  Q  Q  T  J  U  Z
K  U  V  O  B  S  T  U  U  N  Ç  A  I  S
A  M  P  L  A  D  A  N  I  I  S  L  L  N
K  Ç  U  Z  G  E  J  D  L  D  R  T  Ò  M
T  G  R  A  U  C  Y  I  O  V  E  U  M  E
K  O  S  D  G  I  T  T  G  B  C  R  E  T
C  J  N  A  I  M  E  A  R  H  Y  A  T  R
L  L  E  A  G  A  I  T  A  L  I  T  R  E
G  R  A  M  Ç  L  M  Q  M  A  O  P  E  V
H  C  E  N  T  Í  M  E  T  R  E  W  Q  A
L  L  A  R  G  A  D  A  V  O  L  U  M  O
```

ALTURA	LLARGADA
BYTE	METRE
CENTÍMETRE	MINUT
QUILOGRAM	UNÇA
QUILÒMETRE	PES
DECIMAL	PINTA
GRAU	POLZADA
GRAM	PROFUNDITAT
AMPLADA	TONA
LITRE	VOLUM

1 - Scacchi

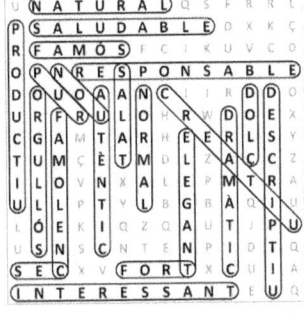

2 - Aggettivi #2

3 - Mobili

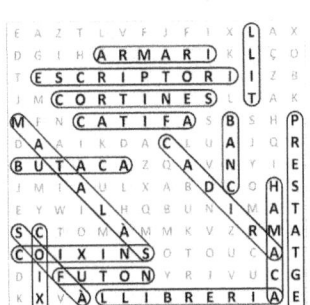

4 - Pesca

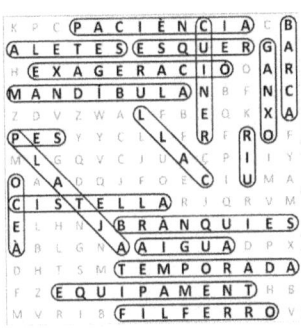

5 - Aggettivi #1

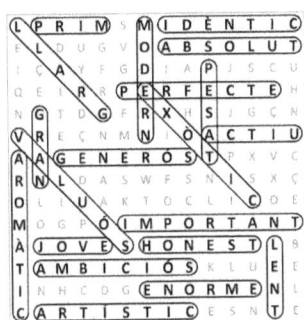

6 - Geologia

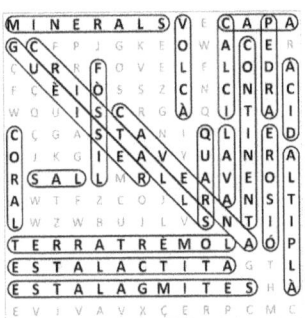

7 - Campeggio

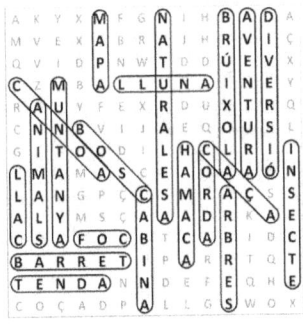

8 - Arti Visive

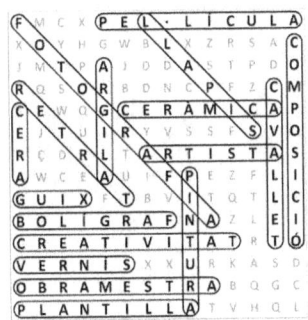

9 - Esplorazione

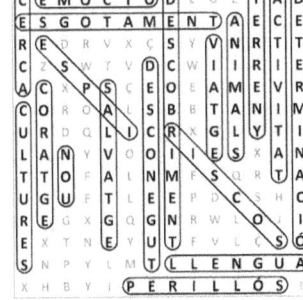

10 - Tempo

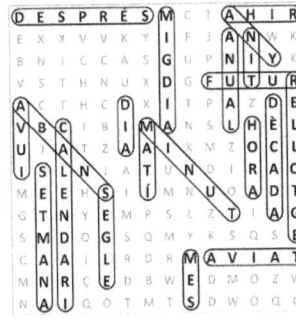

11 - Autunno

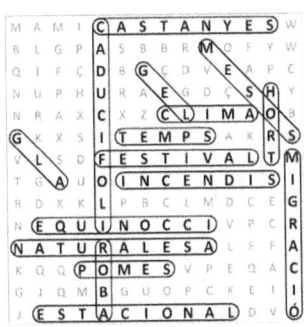

12 - Astronomia

13 - Circo

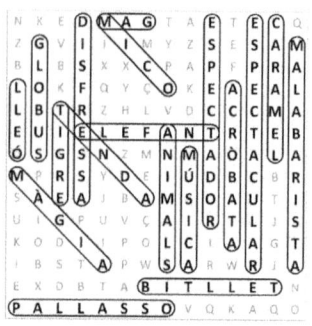

14 - Mitologia

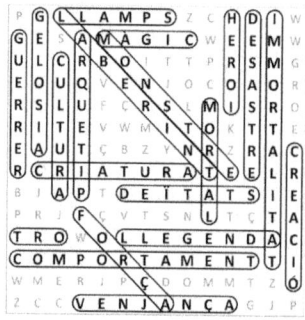

15 - Piante

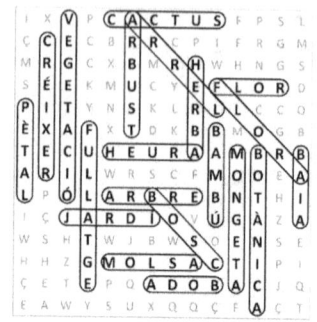

16 - Spezie

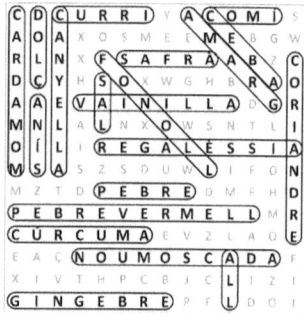

17 - Numeri

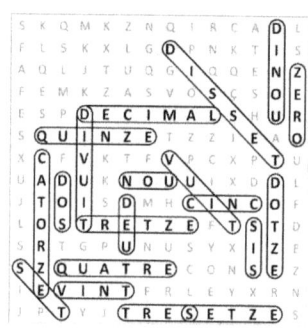

18 - Cioccolato

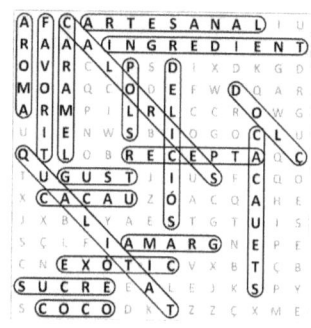

19 - Guida

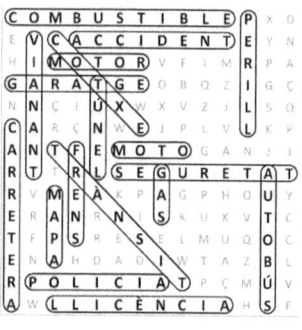

20 - Sport

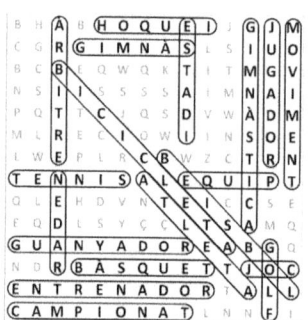

21 - Giocattoli

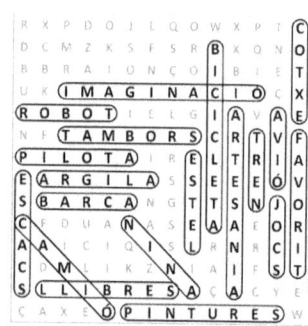

22 - Uccelli

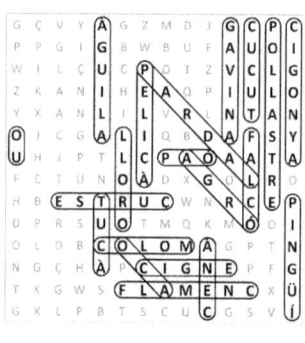

23 - Giorni e Mesi

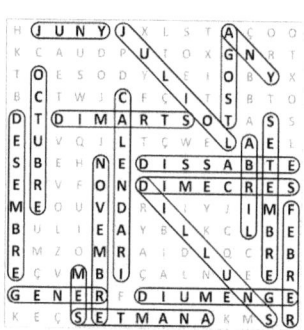

24 - Casa

25 - Ristorante #1

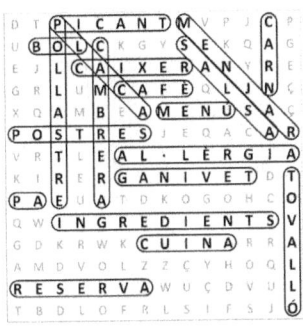

26 - Fantascienza

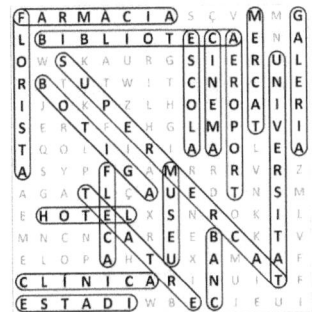

27 - Città

28 - Virtù #1

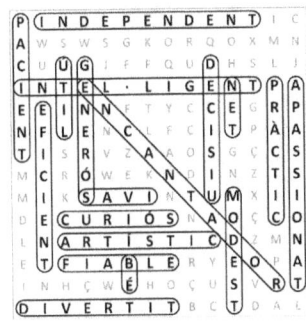

29 - Compleanno

30 - Fattoria #1

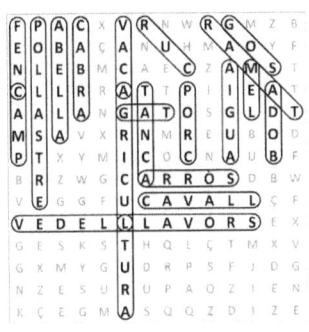

31 - Paesaggi

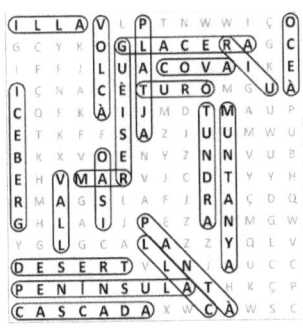

32 - Ristorante #2

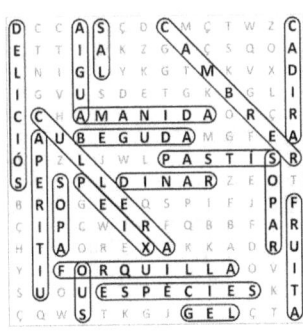

33 - Giardino

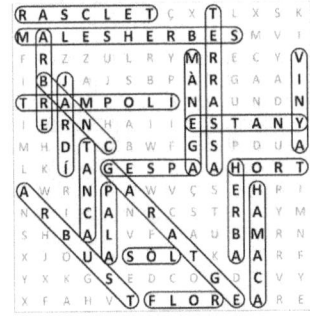

34 - Frutta

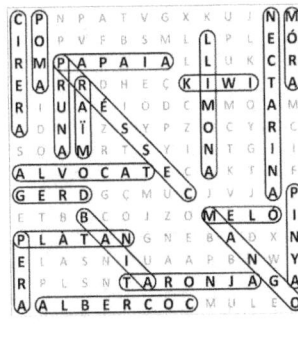

35 - Fattoria #2

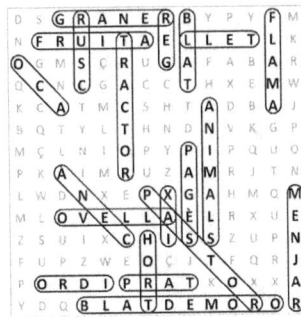

36 - Dinosauri

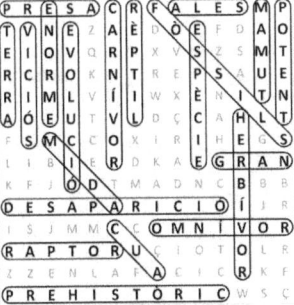

37 - Verdure

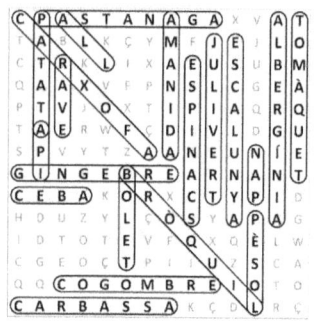

38 - Scuola #2

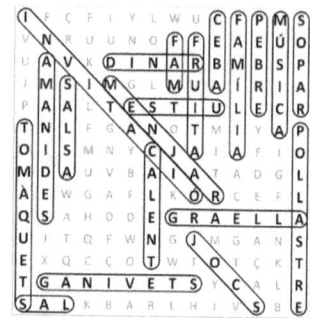

39 - Barbecue

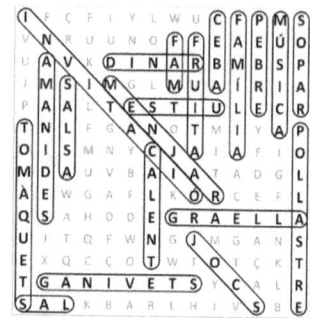

40 - Riempire

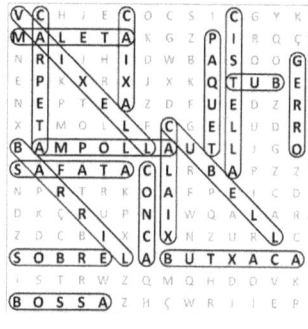

41 - Insetti

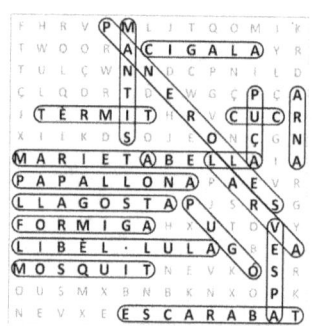

42 - Erboristeria

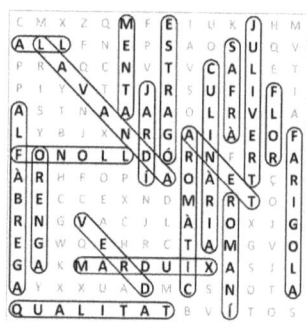

43 - Danza

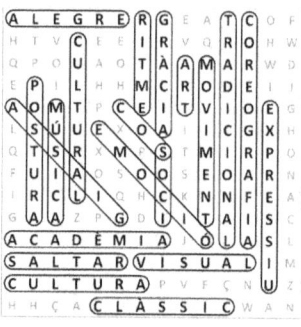

44 - Scuola #1

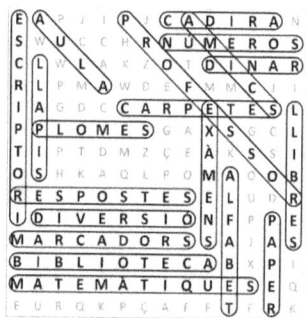

45 - Fiori

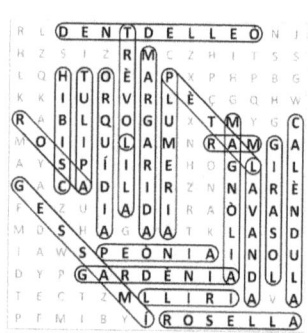

46 - Ecologia

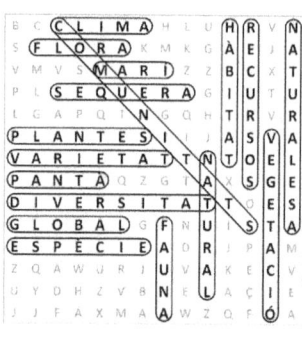

47 - Discipline Scientifiche

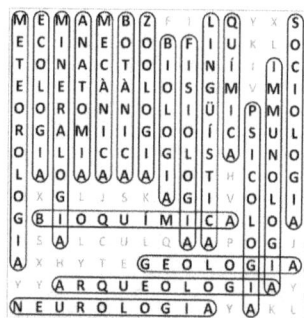

48 - Scienza

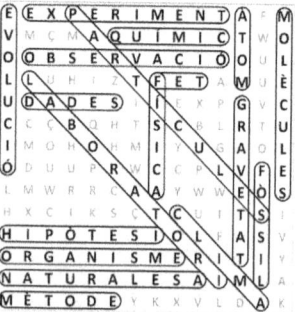

49 - Acqua

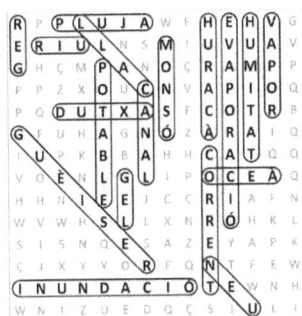

50 - Gatti

51 - Surf

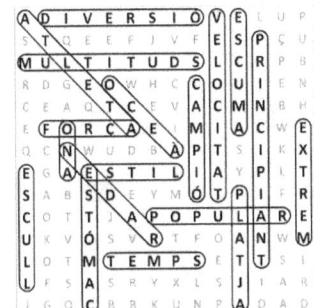

52 - Imbarcazioni

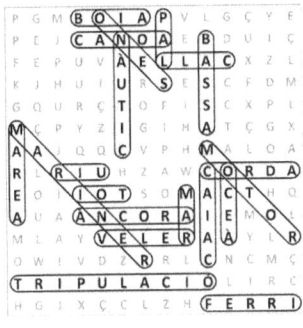

53 - Api

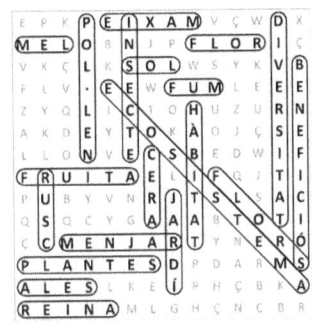

54 - Conservazione

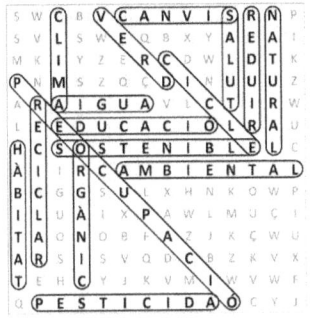

55 - Strumenti Musicali

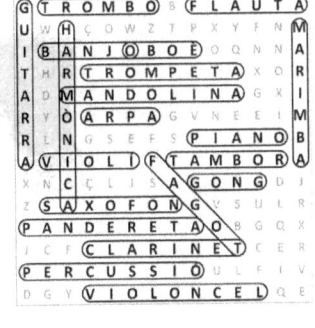

56 - Professioni #2

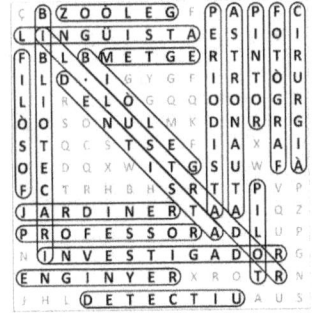

57 - Letteratura

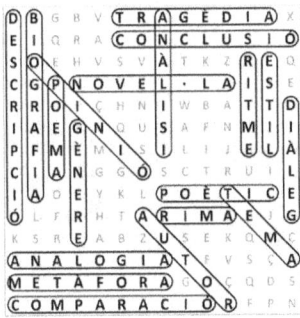

58 - Cibo #2

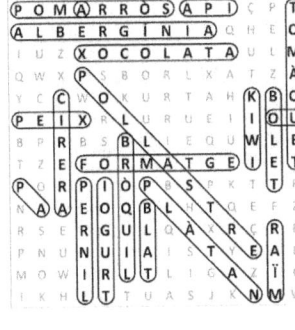

59 - Nutrizione

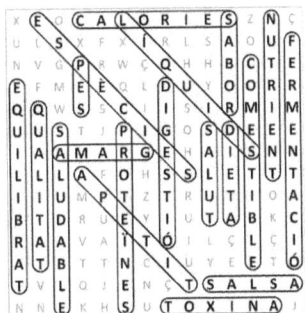

60 - Matematica

61 - Vacanza #1

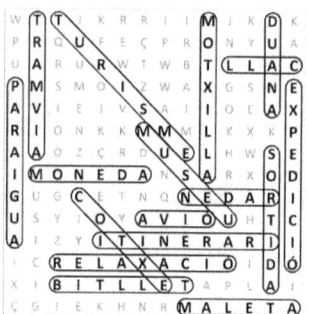

62 - Meditazione

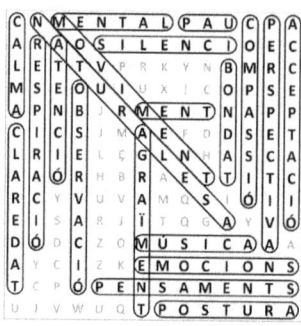

63 - Estate

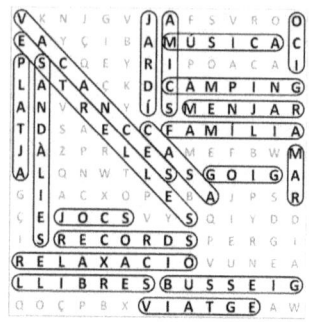

64 - Escursionismo

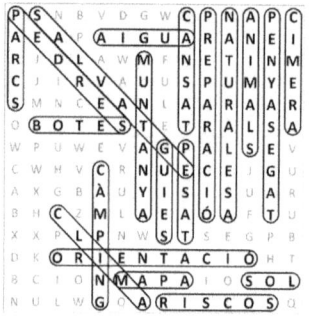

65 - Professioni #1

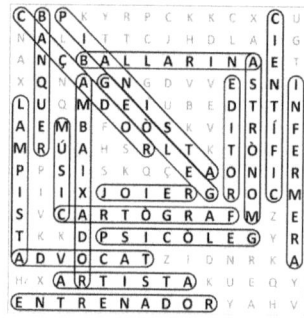

66 - Antartide

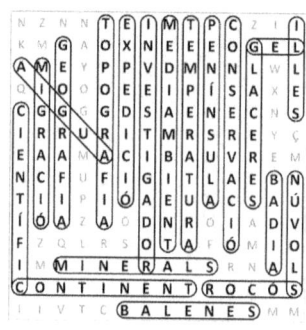

67 - Libri

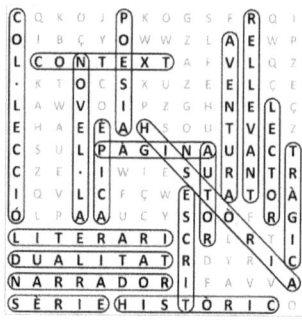

68 - Geografia

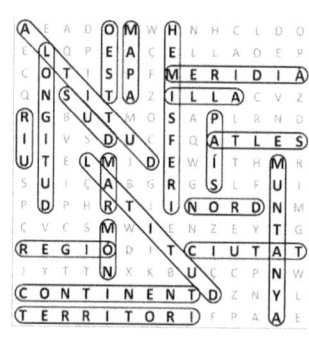

69 - Cibo #1

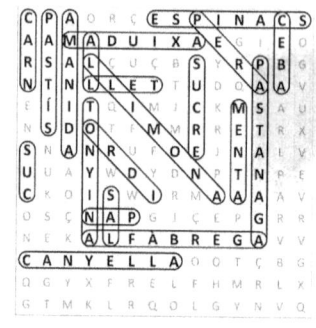

70 - Aeroplani

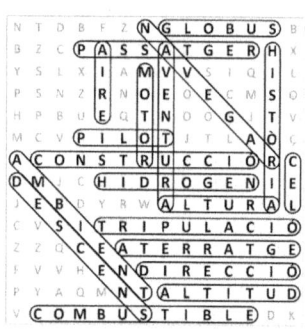

71 - Pirati

72 - Colori

73 - Spiaggia

74 - Avventura

75 - Forme

76 - Oceano

77 - Famiglia

78 - Veicoli

79 - Emozioni

80 - Natura

81 - Balletto

82 - Castelli

83 - Foresta Pluviale

84 - Edifici

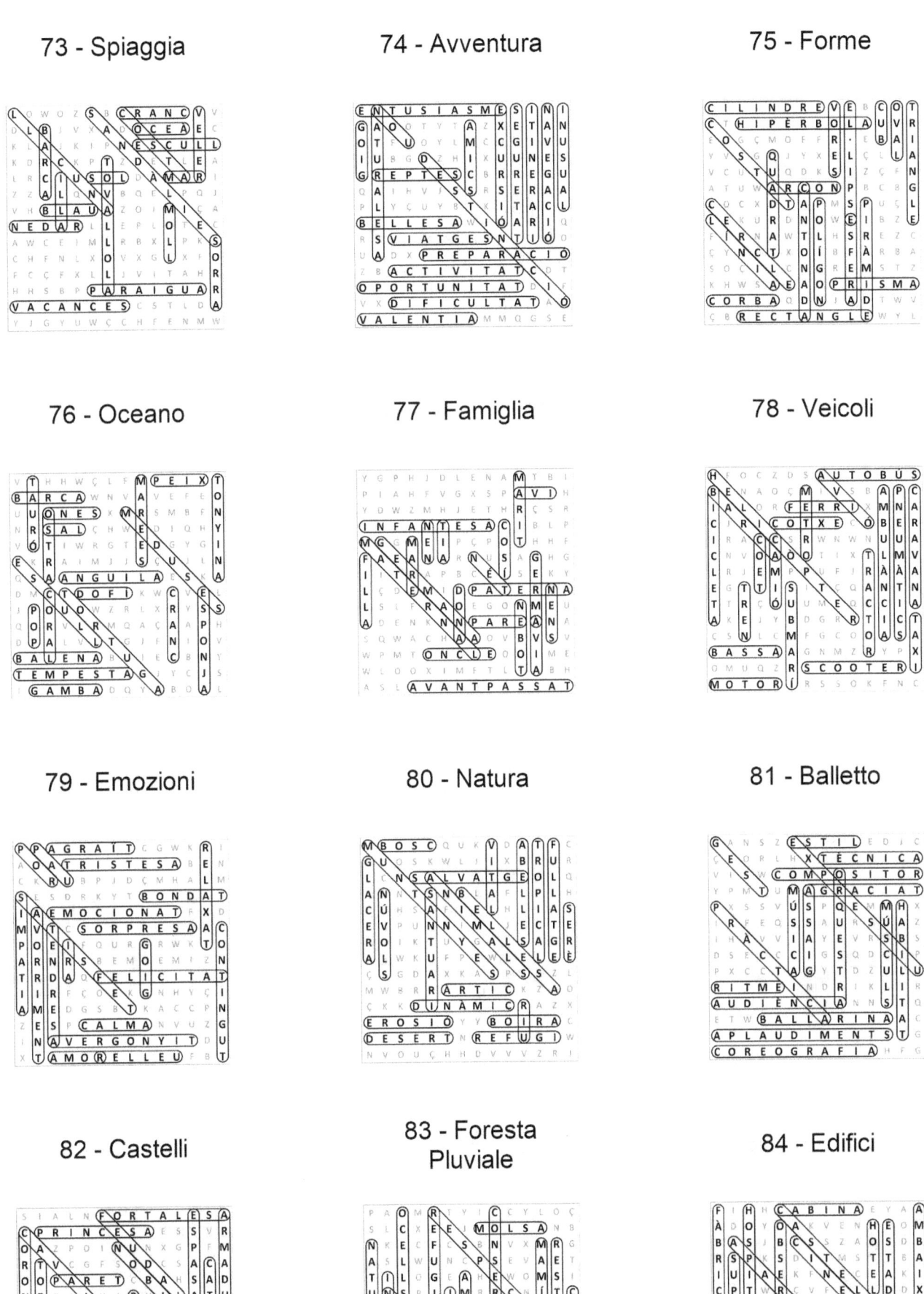

85 - Paesi #2

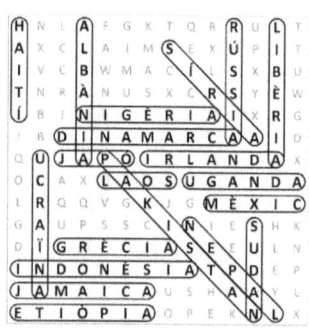

86 - Tipi di Capelli

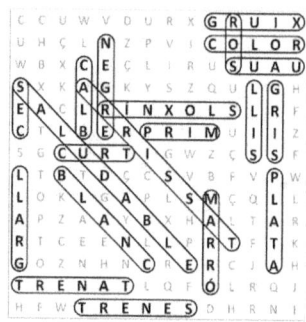

87 - Vestiti

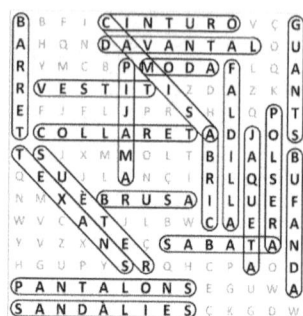

88 - Attività e Tempo Libero

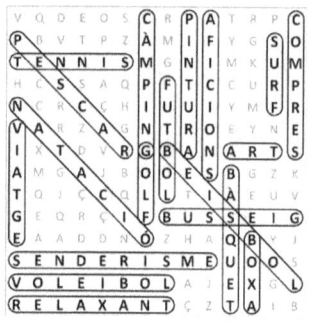

89 - Tecnologia

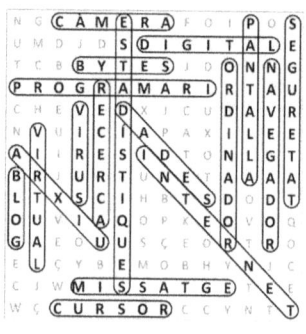

90 - Arte

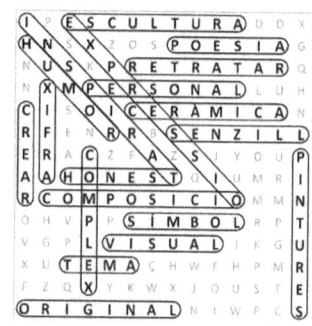

91 - Meteo

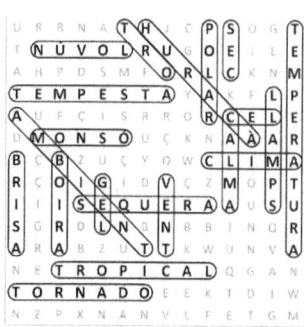

92 - Corpo Umano

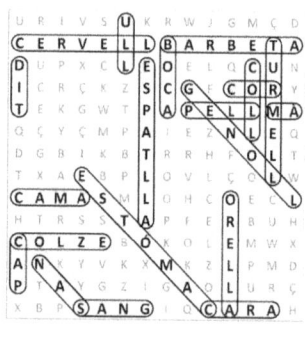

93 - Mammiferi

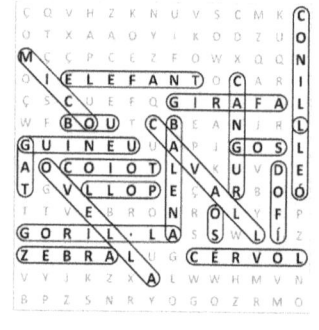

94 - Arrampicata

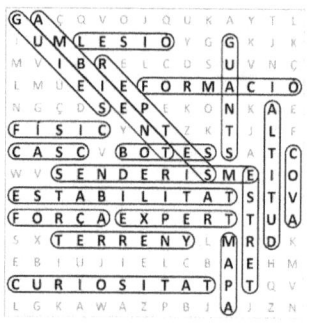

95 - Animali Domestici

96 - Cucina

97 - Vacanze #2

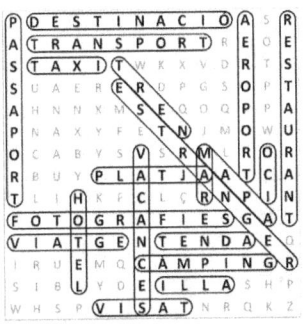

98 - Attività

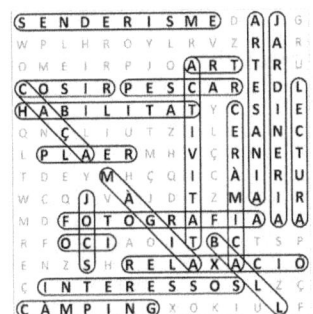

99 - Forniture Artistiche

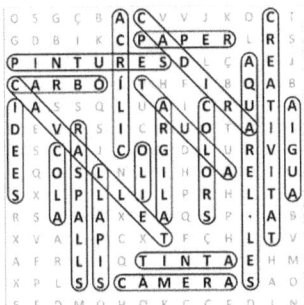

100 - Misurazioni

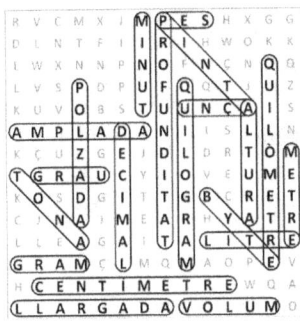

Dizionario

Acqua
Aigua

Alluvione	Inundació
Canale	Canal
Doccia	Dutxa
Evaporazione	Evaporació
Fiume	Riu
Flusso	Corrent
Geyser	Guèiser
Ghiaccio	Gel
Irrigazione	Reg
Lago	Llac
Monsone	Monsó
Neve	Neu
Oceano	Oceà
Pioggia	Pluja
Potabile	Potable
Umidità	Humitat
Uragano	Huracà
Vapore	Vapor

Aeroplani
Avions

Altezza	Altura
Altitudine	Altitud
Aria	Aire
Atmosfera	Ambient
Atterraggio	Aterratge
Avventura	Aventura
Carburante	Combustible
Cielo	Cel
Costruzione	Construcció
Direzione	Direcció
Discesa	Descens
Equipaggio	Tripulació
Idrogeno	Hidrogen
Motore	Motor
Navigare	Navegar
Palloncino	Globus
Passeggero	Passatger
Pilota	Pilot
Storia	Història
Turbolenza	Turbulència

Aggettivi #1
Adjectius #1

Ambizioso	Ambiciós
Aromatico	Aromàtic
Artistico	Artístic
Assoluto	Absolut
Attivo	Actiu
Enorme	Enorme
Esotico	Exòtic
Generoso	Generós
Giovane	Jove
Grande	Gran
Identico	Idèntic
Importante	Important
Lento	Lent
Lungo	Llarg
Moderno	Modern
Onesto	Honest
Perfetto	Perfecte
Pesante	Pesat
Prezioso	Valuós
Sottile	Prim

Aggettivi #2
Adjectius #2

Affamato	Famolenc
Asciutto	Sec
Autentico	Autèntic
Creativo	Creatiu
Descrittivo	Descriptiu
Dolce	Dolç
Drammatico	Dramàtic
Elegante	Elegant
Famoso	Famós
Forte	Fort
Interessante	Interessant
Naturale	Natural
Normale	Normal
Nuovo	Nou
Orgoglioso	Orgullós
Produttivo	Productiu
Puro	Pur
Responsabile	Responsable
Salato	Salat
Sano	Saludable

Animali Domestici
Animals de Companyia

Acqua	Aigua
Cane	Gos
Capra	Cabra
Cibo	Menjar
Coda	Cua
Collare	Coll
Coniglio	Conill
Criceto	Hàmster
Cucciolo	Cadell
Gattino	Gatet
Gatto	Gat
Guinzaglio	Corretja
Lucertola	Sargantana
Mucca	Vaca
Pappagallo	Lloro
Pesce	Peix
Tartaruga	Tortuga
Topo	Ratolí
Veterinario	Veterinari
Zampe	Potes

Antartide
Antàrtida

Acqua	Aigua
Ambiente	Medi Ambient
Baia	Badia
Balene	Balenes
Conservazione	Conservació
Continente	Continent
Geografia	Geografia
Ghiacciai	Glaceres
Ghiaccio	Gel
Isole	Illes
Migrazione	Migració
Minerali	Minerals
Nuvole	Núvols
Penisola	Península
Ricercatore	Investigador
Roccioso	Rocós
Scientifico	Científic
Spedizione	Expedició
Temperatura	Temperatura
Topografia	Topografia

Api
Les Abelles

Ali	Ales
Alveare	Rusc
Benefico	Beneficiós
Cera	Cera
Cibo	Menjar
Diversità	Diversitat
Ecosistema	Ecosistema
Fiori	Flors
Fiorire	Flor
Frutta	Fruita
Fumo	Fum
Giardino	Jardí
Habitat	Hàbitat
Insetto	Insecte
Miele	Mel
Piante	Plantes
Polline	Pol·len
Regina	Reina
Sciame	Eixam
Sole	Sol

Arrampicata
Escalada

Altitudine	Altitud
Atmosfera	Ambient
Casco	Casc
Curiosità	Curiositat
Escursioni	Senderisme
Esperto	Expert
Fisico	Físic
Formazione	Formació
Forza	Força
Grotta	Cova
Guanti	Guants
Guide	Guies
Lesione	Lesió
Mappa	Mapa
Sfide	Reptes
Stabilità	Estabilitat
Stivali	Botes
Stretto	Estret
Terreno	Terreny

Arte
L'Art

Ceramica	Ceràmica
Complesso	Complex
Composizione	Composició
Creare	Crear
Dipinti	Pintures
Espressione	Expressió
Figura	Xifra
Ispirato	Inspirat
Onesto	Honest
Originale	Original
Personale	Personal
Poesia	Poesia
Ritrarre	Retratar
Scultura	Escultura
Semplice	Senzill
Simbolo	Símbol
Soggetto	Tema
Surrealismo	Surrealisme
Umore	Humor
Visivo	Visual

Arti Visive
Arts Visuals

Architettura	Arquitectura
Argilla	Argila
Artista	Artista
Capolavoro	Obra Mestra
Cavalletto	Cavallet
Cera	Cera
Ceramica	Ceràmica
Composizione	Composició
Creatività	Creativitat
Film	Pel·lícula
Fotografia	Fotografia
Gesso	Guix
Matita	Llapis
Penna	Bolígraf
Pittura	Pintura
Prospettiva	Perspectiva
Ritratto	Retrat
Scultura	Escultura
Stampino	Plantilla
Vernice	Vernís

Astronomia
Astronomia

Asteroide	Asteroide
Astronauta	Astronauta
Astronomo	Astrònom
Cielo	Cel
Cosmo	Cosmos
Costellazione	Constel·lació
Equinozio	Equinocci
Galassia	Galàxia
Gravità	Gravetat
Luna	Lluna
Meteora	Meteor
Nebulosa	Nebulosa
Osservatorio	Observatori
Pianeta	Planeta
Radiazione	Radiació
Razzo	Coet
Supernova	Supernova
Telescopio	Telescopi
Terra	Terra
Universo	Univers

Attività
Activitats

Abilità	Habilitat
Arte	Art
Artigianato	Artesania
Attività	Activitat
Caccia	Caça
Campeggio	Càmping
Ceramica	Ceràmica
Cucire	Cosir
Danza	Ball
Escursioni	Senderisme
Fotografia	Fotografia
Giardinaggio	Jardineria
Giochi	Jocs
Interessi	Interessos
Lettura	Lectura
Magia	Màgia
Pesca	Pescar
Piacere	Plaer
Rilassamento	Relaxació
Tempo Libero	Oci

Attività e Tempo Libero
Activitats i Lleure

Arte	Art
Baseball	Beisbol
Basket	Bàsquet
Boxe	Boxa
Calcio	Futbol
Campeggio	Càmping
Escursioni	Senderisme
Giardinaggio	Jardineria
Golf	Golf
Hobby	Aficions
Immersione	Busseig
Nuoto	Natació
Pallavolo	Voleibol
Pesca	Pescar
Pittura	Pintura
Rilassante	Relaxant
Shopping	Compres
Surf	Surf
Tennis	Tennis
Viaggio	Viatge

Autunno
La Tardor

Abbigliamento	Roba
Castagne	Castanyes
Clima	Clima
Deciduo	Caducifoli
Equinozio	Equinocci
Festival	Festival
Frutteto	Hort
Gelo	Gel
Ghianda	Gla
Incendi	Incendis
Mele	Pomes
Mesi	Mesos
Meteo	Temps
Migrazione	Migració
Natura	Naturalesa
Stagionale	Estacional

Avventura
Aventura

Amici	Amics
Attività	Activitat
Bellezza	Bellesa
Caso	Oportunitat
Coraggio	Valentia
Destinazione	Destinació
Difficoltà	Dificultat
Entusiasmo	Entusiasme
Escursione	Excursió
Gioia	Goig
Insolito	Inusual
Itinerario	Itinerari
Natura	Naturalesa
Navigazione	Navegació
Nuovo	Nou
Pericoloso	Perillós
Preparazione	Preparació
Sfide	Reptes
Sicurezza	Seguretat
Viaggi	Viatges

Balletto
Ballet

Abilità	Habilitat
Applauso	Aplaudiments
Artistico	Artístic
Ballerina	Ballarina
Ballerini	Ballarins
Compositore	Compositor
Coreografia	Coreografia
Espressivo	Expressiu
Gesto	Gest
Grazioso	Agraciat
Intensità	Intensitat
Muscoli	Músculs
Musica	Música
Orchestra	Orquestra
Pratica	Pràctica
Prova	Assaig
Pubblico	Audiència
Ritmo	Ritme
Stile	Estil
Tecnica	Tècnica

Barbecue
Barbacoes

Caldo	Calent
Cena	Sopar
Cibo	Menjar
Cipolle	Ceba
Coltelli	Ganivets
Estate	Estiu
Fame	Fam
Famiglia	Família
Frutta	Fruita
Giochi	Jocs
Griglia	Graella
Insalate	Amanides
Invito	Invitació
Musica	Música
Pepe	Pebre
Pollo	Pollastre
Pomodori	Tomàquets
Pranzo	Dinar
Sale	Sal
Salsa	Salsa

Campeggio
Campament

Alberi	Arbres
Amaca	Hamaca
Animali	Animals
Avventura	Aventura
Bussola	Brúixola
Cabina	Cabina
Caccia	Caça
Canoa	Canoa
Cappello	Barret
Corda	Corda
Divertimento	Diversió
Foresta	Bosc
Fuoco	Foc
Insetto	Insecte
Lago	Llac
Luna	Lluna
Mappa	Mapa
Montagna	Muntanya
Natura	Naturalesa
Tenda	Tenda

Casa
Casa

Attico	Àtic
Biblioteca	Biblioteca
Camera	Habitació
Camino	Llar de Foc
Chiavi	Claus
Cucina	Cuina
Doccia	Dutxa
Finestra	Finestra
Garage	Garatge
Giardino	Jardí
Lampada	Llum
Parete	Paret
Pavimento	Terra
Porta	Porta
Recinto	Tanca
Rubinetto	Aixeta
Scopa	Escombra
Soffitto	Sostre
Specchio	Mirall
Tappeto	Catifa

Castelli
Castells

Armatura	Armadura
Catapulta	Catapulta
Cavaliere	Cavaller
Cavallo	Cavall
Corona	Corona
Dinastia	Dinastia
Drago	Drac
Feudale	Feudal
Fortezza	Fortalesa
Impero	Imperi
Nobile	Noble
Palazzo	Palau
Parete	Paret
Principe	Príncep
Principessa	Princesa
Regno	Regne
Scudo	Escut
Spada	Espasa
Torre	Torre
Unicorno	Unicorn

Cibo #1
Menjar #1

Aglio	All
Basilico	Alfàbrega
Cannella	Canyella
Carne	Carn
Carota	Pastanaga
Cipolla	Ceba
Fragola	Maduixa
Insalata	Amanida
Latte	Llet
Limone	Llimona
Menta	Menta
Orzo	Ordi
Pera	Pera
Rapa	Nap
Sale	Sal
Spinaci	Espinacs
Succo	Suc
Tonno	Tonyina
Torta	Pastís
Zucchero	Sucre

Cibo #2
Menjar #2

Banana	Plàtan
Broccolo	Bròquil
Ciliegia	Cirera
Cioccolato	Xocolata
Formaggio	Formatge
Fungo	Bolet
Grano	Blat
Kiwi	Kiwi
Mela	Poma
Melanzana	Albergínia
Pane	Pa
Pesce	Peix
Pollo	Pollastre
Pomodoro	Tomàquet
Prosciutto	Pernil
Riso	Arròs
Sedano	Api
Uovo	Ou
Uva	Raïm
Yogurt	Iogurt

Cioccolato
Xocolata

Amaro	Amarg
Antiossidante	Antioxidant
Arachidi	Cacauets
Aroma	Aroma
Artigianale	Artesanal
Cacao	Cacau
Calorie	Calories
Caramello	Caramel
Delizioso	Deliciós
Dolce	Dolç
Esotico	Exòtic
Gusto	Gust
Ingrediente	Ingredient
Noce di Cocco	Coco
Polvere	Pols
Preferito	Favorit
Qualità	Qualitat
Ricetta	Recepta
Zucchero	Sucre

Circo
Circ

Acrobata	Acròbata
Animali	Animals
Biglietto	Bitllet
Caramella	Caramel
Clown	Pallasso
Costume	Disfressa
Elefante	Elefant
Giocoliere	Malabarista
Leone	Lleó
Magia	Màgia
Mago	Mag
Musica	Música
Palloncini	Globus
Parata	Desfilada
Scimmia	Mico
Spettacolare	Espectacular
Spettatore	Espectador
Tenda	Tenda
Tigre	Tigre
Trucco	Truc

Città
Ciutat

Aeroporto	Aeroport
Banca	Banc
Biblioteca	Biblioteca
Cinema	Cinema
Clinica	Clínica
Farmacia	Farmàcia
Fiorista	Florista
Galleria	Galeria
Hotel	Hotel
Libreria	Llibreria
Mercato	Mercat
Museo	Museu
Negozio	Botiga
Panetteria	Fleca
Scuola	Escola
Stadio	Estadi
Supermercato	Supermercat
Teatro	Teatre
Università	Universitat
Zoo	Zoològic

Colori
Colors

Arancia	Taronja
Beige	Beix
Bianco	Blanc
Blu	Blau
Ciano	Cian
Cremisi	Carmesí
Fucsia	Fúcsia
Giallo	Groc
Grigio	Gris
Magenta	Magenta
Marrone	Marró
Nero	Negre
Rosa	Rosa
Rosso	Vermell
Seppia	Sèpia
Verde	Verd
Viola	Porpra

Compleanno
Aniversari

Amici	Amics
Anno	Any
Calendario	Calendari
Candele	Espelmes
Canzone	Cançó
Carte	Targetes
Celebrazione	Celebració
Divertimento	Diversió
Felice	Feliç
Gioioso	Alegre
Giorno	Dia
Giovane	Jove
Grande	Gran
Inviti	Invitacions
Nato	Nascut
Regalo	Regal
Saggezza	Saviesa
Speciale	Especial
Tempo	Temps
Torta	Pastís

Conservazione
Conservació

Acqua	Aigua
Ambientale	Ambiental
Cambiamenti	Canvis
Ciclo	Cicle
Clima	Clima
Ecosistema	Ecosistema
Educazione	Educació
Habitat	Hàbitat
Inquinamento	Contaminació
Naturale	Natural
Organico	Orgànic
Pesticida	Pesticida
Preoccupazione	Preocupació
Riciclare	Reciclar
Ridurre	Reduir
Salute	Salut
Sostenibile	Sostenible
Verde	Verd
Volontario	Voluntari

Corpo Umano
Cos Humà

Bocca	Boca
Caviglia	Turmell
Cervello	Cervell
Collo	Coll
Cuore	Cor
Dito	Dit
Faccia	Cara
Gamba	Cama
Ginocchio	Genoll
Gomito	Colze
Mano	Mà
Mento	Barbeta
Naso	Nas
Occhio	Ull
Orecchio	Orella
Pelle	Pell
Sangue	Sang
Spalla	Espatlla
Stomaco	Estómac
Testa	Cap

Cucina
Cuina

Bacchette	Escuradents
Bollitore	Bullidor
Brocca	Gerra
Cibo	Menjar
Ciotola	Bol
Coltelli	Ganivets
Congelatore	Congelador
Cucchiai	Culleres
Forchette	Forquilles
Forno	Forn
Frigorifero	Nevera
Grembiule	Davantal
Griglia	Graella
Mestolo	Cullerot
Ricetta	Recepta
Spezie	Espècies
Spugna	Esponja
Tazze	Tasses
Tovagliolo	Tovalló
Vaso	Pot

Danza
Dansa

Accademia	Acadèmia
Arte	Art
Classico	Clàssic
Compagno	Soci
Coreografia	Coreografia
Corpo	Cos
Cultura	Cultura
Culturale	Cultural
Emozione	Emoció
Espressivo	Expressiu
Gioioso	Alegre
Grazia	Gràcia
Movimento	Moviment
Musica	Música
Postura	Postura
Prova	Assaig
Ritmo	Ritme
Salto	Saltar
Tradizionale	Tradicional
Visivo	Visual

Dinosauri
Els Dinosaures

Ali	Ales
Carnivoro	Carnívor
Coda	Cua
Enorme	Enorme
Erbivoro	Herbívor
Evoluzione	Evolució
Fossili	Fòssils
Grande	Gran
Mammut	Mamut
Onnivoro	Omnívor
Potente	Potent
Preda	Presa
Preistorico	Prehistòric
Rapace	Raptor
Rettile	Rèptil
Scomparsa	Desaparició
Specie	Espècie
Taglia	Mida
Terra	Terra
Vizioso	Viciós

Discipline Scientifiche
Disciplines Científiques

Anatomia	Anatomia
Archeologia	Arqueologia
Astronomia	Astronomia
Biochimica	Bioquímica
Biologia	Biologia
Botanica	Botànica
Chimica	Química
Ecologia	Ecologia
Fisiologia	Fisiologia
Geologia	Geologia
Immunologia	Immunologia
Linguistica	Lingüística
Meccanica	Mecànica
Meteorologia	Meteorologia
Mineralogia	Mineralogia
Neurologia	Neurologia
Psicologia	Psicologia
Sociologia	Sociologia
Termodinamica	Termodinàmica
Zoologia	Zoologia

Ecologia
Ecologia

Clima	Clima
Comunità	Comunitats
Diversità	Diversitat
Fauna	Fauna
Flora	Flora
Globale	Global
Habitat	Hàbitat
Marino	Marí
Natura	Naturalesa
Naturale	Natural
Palude	Pantà
Piante	Plantes
Risorse	Recursos
Siccità	Sequera
Sopravvivenza	Supervivència
Sostenibile	Sostenible
Specie	Espècie
Varietà	Varietat
Vegetazione	Vegetació
Volontari	Voluntaris

Edifici
Edificis

Ambasciata	Ambaixada
Appartamento	Apartament
Cabina	Cabina
Castello	Castell
Cinema	Cinema
Fabbrica	Fàbrica
Fienile	Graner
Hotel	Hotel
Laboratorio	Laboratori
Museo	Museu
Ospedale	Hospital
Osservatorio	Observatori
Ostello	Alberg
Scuola	Escola
Stadio	Estadi
Supermercato	Supermercat
Teatro	Teatre
Tenda	Tenda
Torre	Torre
Università	Universitat

Emozioni
Emocions

Amore	Amor
Beatitudine	Felicitat
Calma	Calma
Contenuto	Contingut
Eccitato	Emocionat
Gentilezza	Bondat
Gioia	Goig
Grato	Agraït
Imbarazzato	Avergonyit
Noia	Avorriment
Pace	Pau
Paura	Por
Rabbia	Ira
Rilassato	Relaxat
Rilievo	Relleu
Simpatia	Simpatia
Soddisfatto	Satisfet
Sorpresa	Sorpresa
Tenerezza	Tendresa
Tristezza	Tristesa

Erboristeria
Herboristeria

Aglio	All
Aneto	Anet
Aromatico	Aromàtic
Basilico	Alfàbrega
Culinario	Culinària
Dragoncello	Estragó
Finocchio	Fonoll
Fiore	Flor
Giardino	Jardí
Ingrediente	Ingredient
Lavanda	Lavanda
Maggiorana	Marduix
Menta	Menta
Origano	Orenga
Prezzemolo	Julivert
Qualità	Qualitat
Rosmarino	Romaní
Timo	Farigola
Verde	Verd
Zafferano	Safrà

Escursionismo
Senderisme

Acqua	Aigua
Animali	Animals
Campeggio	Càmping
Clima	Clima
Guide	Guies
Mappa	Mapa
Montagna	Muntanya
Natura	Naturalesa
Orientamento	Orientació
Parchi	Parcs
Pericoli	Riscos
Pesante	Pesat
Pietre	Pedres
Preparazione	Preparació
Scogliera	Penya-Segat
Selvaggio	Salvatge
Sole	Sol
Stanco	Cansat
Stivali	Botes
Vertice	Cimera

Esplorazione
Exploració

Animali	Animals
Attività	Activitat
Coraggio	Coratge
Culture	Cultures
Determinazione	Determinació
Eccitazione	Emoció
Esaurimento	Esgotament
Lingua	Llengua
Nuovo	Nou
Pericoli	Riscos
Pericoloso	Perillós
Ricerca	Cerca
Sconosciuto	Desconegut
Scoperta	Descobriment
Selvaggio	Salvatge
Spazio	Espai
Terreno	Terreny
Viaggio	Viatge

Estate
Estiu

Amici	Amics
Campeggio	Càmping
Casa	Casa
Cibo	Menjar
Famiglia	Família
Giardino	Jardí
Giochi	Jocs
Gioia	Goig
Immersione	Busseig
Libri	Llibres
Mare	Mar
Musica	Música
Ricordi	Records
Rilassamento	Relaxació
Sandali	Sandàlies
Spiaggia	Platja
Stelle	Estrelles
Tempo Libero	Oci
Vacanza	Vacances
Viaggio	Viatge

Famiglia
La Família

Antenato	Avantpassat
Bambini	Nens
Bambino	Nen
Cugino	Cosí
Figlia	Filla
Fratello	Germà
Infanzia	Infantesa
Madre	Mare
Marito	Marit
Materno	Maternal
Moglie	Dona
Nipote	Nebot
Nipote	Nét
Nonna	Àvia
Nonno	Avi
Padre	Pare
Paterno	Paterna
Sorella	Germana
Zia	Tia
Zio	Oncle

Fantascienza
Ciència Ficció

Atomico	Atòmic
Cinema	Cinema
Distopia	Distòpia
Esplosione	Explosió
Estremo	Extrem
Fantastico	Fantàstic
Fuoco	Foc
Futuristico	Futurista
Galassia	Galàxia
Illusione	Il·lusió
Immaginario	Imaginari
Libri	Llibres
Misterioso	Misteriós
Mondo	Món
Oracolo	Oracle
Pianeta	Planeta
Realistico	Realista
Robot	Robots
Tecnologia	Tecnologia
Utopia	Utopia

Fattoria #1
Granja #1

Acqua	Aigua
Agricoltura	Agricultura
Ape	Abella
Asino	Ruc
Campo	Camp
Cane	Gos
Capra	Cabra
Cavallo	Cavall
Fertilizzante	Adob
Fieno	Fenc
Gatto	Gat
Gregge	Ramat
Maiale	Porc
Miele	Mel
Mucca	Vaca
Pollo	Pollastre
Recinto	Tanca
Riso	Arròs
Semi	Llavors
Vitello	Vedell

Fattoria #2
Granja #2

Agnello	Xai
Agricoltore	Pagès
Alveare	Rusc
Anatra	Ànec
Animali	Animals
Cibo	Menjar
Fienile	Graner
Frutta	Fruita
Frutteto	Hort
Grano	Blat
Irrigazione	Reg
Lama	Flama
Latte	Llet
Mais	Blat de Moro
Oche	Oca
Orzo	Ordi
Pastore	Pastor
Pecora	Ovella
Prato	Prat
Trattore	Tractor

Fiori
Flors

Calendula	Calèndula
Dente di Leone	Dent de Lleó
Gardenia	Gardènia
Gelsomino	Gessamí
Giglio	Lliri
Girasole	Gira-Sol
Ibisco	Hibisc
Lavanda	Lavanda
Lilla	Lila
Magnolia	Magnòlia
Margherita	Margarida
Mazzo	Ram
Orchidea	Orquídia
Papavero	Rosella
Peonia	Peònia
Petalo	Pètal
Plumeria	Plumeria
Rosa	Rosa
Trifoglio	Trèvol
Tulipano	Tulipa

Foresta Pluviale
Selva Tropical

Anfibi	Amfibis
Botanico	Botànic
Clima	Clima
Comunità	Comunitat
Diversità	Diversitat
Giungla	Jungla
Indigeno	Indígena
Insetti	Insectes
Mammiferi	Mamífers
Muschio	Molsa
Natura	Naturalesa
Nuvole	Núvols
Preservazione	Conservació
Prezioso	Valuós
Restauro	Restauració
Rifugio	Refugi
Rispetto	Respecte
Sopravvivenza	Supervivència
Specie	Espècie
Uccelli	Ocells

Forme
Formes

Angolo	Cantonada
Arco	Arc
Bordi	Vores
Cerchio	Cercle
Cilindro	Cilindre
Cono	Con
Cubo	Cub
Curva	Corba
Ellisse	El·lipse
Iperbole	Hipèrbola
Lato	Costat
Linea	Línia
Ovale	Oval
Piramide	Piràmide
Poligono	Polígon
Prisma	Prisma
Quadrato	Quadrat
Rettangolo	Rectangle
Sfera	Esfera
Triangolo	Triangle

Forniture Artistiche
Subministraments D'Art

Acqua	Aigua
Acquerelli	Aquarel·les
Acrilico	Acrílic
Argilla	Argila
Carbone	Carbó
Carta	Paper
Cavalletto	Cavallet
Colla	Cola
Colori	Colors
Creatività	Creativitat
Idee	Idees
Inchiostro	Tinta
Matite	Llapis
Olio	Oli
Sedia	Cadira
Spazzole	Raspalls
Tavolo	Taula
Telecamera	Càmera
Vernici	Pintures

Frutta
Fruita

Albicocca	Albercoc
Ananas	Pinya
Arancia	Taronja
Avocado	Alvocat
Bacca	Baia
Banana	Plàtan
Ciliegia	Cirera
Kiwi	Kiwi
Lampone	Gerd
Limone	Llimona
Mango	Mango
Mela	Poma
Melone	Meló
Mora	Móra
Nettarina	Nectarina
Papaia	Papaia
Pera	Pera
Pesca	Préssec
Prugna	Pruna
Uva	Raïm

Gatti
Els Gats

Artiglio	Urpa
Cacciatore	Caçador
Coda	Cua
Curioso	Curiós
Divertente	Divertit
Dormire	Dormir
Filo	Fil
Giocoso	Juganer
Indipendente	Independent
Pazzo	Boig
Pelliccia	Pell
Personalità	Personalitat
Poco	Poc
Selvaggio	Salvatge
Timido	Tímid
Topo	Ratolí
Veloce	Ràpid
Zampa	Pota

Geografia
Geografia

Altitudine	Altitud
Atlante	Atles
Città	Ciutat
Continente	Continent
Emisfero	Hemisferi
Fiume	Riu
Isola	Illa
Latitudine	Latitud
Longitudine	Longitud
Mappa	Mapa
Mare	Mar
Meridiano	Meridià
Mondo	Món
Montagna	Muntanya
Nord	Nord
Ovest	Oest
Paese	País
Regione	Regió
Sud	Sud
Territorio	Territori

Geologia
Geologia

Acido	Àcid
Altopiano	Altiplà
Calcio	Calci
Caverna	Caverna
Continente	Continent
Corallo	Coral
Cristalli	Cristalls
Erosione	Erosió
Fossile	Fòssil
Geyser	Guèiser
Lava	Lava
Minerali	Minerals
Pietra	Pedra
Quarzo	Quars
Sale	Sal
Stalagmiti	Estalagmites
Stalattite	Estalactita
Strato	Capa
Terremoto	Terratrèmol
Vulcano	Volcà

Giardino
Jardí

Albero	Arbre
Amaca	Hamaca
Cespuglio	Arbust
Erba	Herba
Erbacce	Males Herbes
Fiore	Flor
Frutteto	Hort
Garage	Garatge
Giardino	Jardí
Pala	Pala
Panca	Banc
Prato	Gespa
Rastrello	Rasclet
Recinto	Tanca
Stagno	Estany
Suolo	Sòl
Terrazza	Terrassa
Trampolino	Trampolí
Tubo	Mànega
Vite	Vinya

Giocattoli
Joguines

Aereo	Avió
Aquilone	Estel
Argilla	Argila
Artigianato	Artesania
Auto	Cotxe
Bambola	Nina
Barca	Barca
Batteria	Tambors
Bicicletta	Bicicleta
Camion	Camió
Giochi	Jocs
Immaginazione	Imaginació
Libri	Llibres
Palla	Pilota
Preferito	Favorit
Robot	Robot
Scacchi	Escacs
Treno	Tren
Vernici	Pintures

Giorni e Mesi
Dies i Mesos

Agosto	Agost
Anno	Any
Aprile	Abril
Calendario	Calendari
Dicembre	Desembre
Domenica	Diumenge
Febbraio	Febrer
Gennaio	Gener
Giugno	Juny
Luglio	Juliol
Lunedì	Dilluns
Martedì	Dimarts
Mercoledì	Dimecres
Mese	Mes
Novembre	Novembre
Ottobre	Octubre
Sabato	Dissabte
Settembre	Setembre
Settimana	Setmana
Venerdì	Divendres

Guida
Conducció

Auto	Cotxe
Autobus	Autobús
Carburante	Combustible
Freni	Frens
Garage	Garatge
Gas	Gas
Incidente	Accident
Licenza	Llicència
Mappa	Mapa
Moto	Moto
Motore	Motor
Pedonale	Vianant
Pericolo	Perill
Polizia	Policia
Sicurezza	Seguretat
Strada	Carretera
Traffico	Trànsit
Trasporto	Transport
Tunnel	Túnel
Velocità	Velocitat

Imbarcazioni
Vaixells

Albero	Pal
Ancora	Àncora
Barca a Vela	Veler
Boa	Boia
Canoa	Canoa
Corda	Corda
Equipaggio	Tripulació
Fiume	Riu
Kayak	Caiac
Lago	Llac
Mare	Mar
Marea	Marea
Marinaio	Mariner
Motore	Motor
Nautico	Nàutic
Oceano	Oceà
Onde	Ones
Traghetto	Ferri
Yacht	Iot
Zattera	Bassa

Insetti
Els Insectes

Afide	Pugó
Ape	Abella
Cavalletta	Llagosta
Cicala	Cigala
Coccinella	Marieta
Coleottero	Escarabat
Falena	Arna
Farfalla	Papallona
Formica	Formiga
Larva	Larva
Libellula	Libèl·lula
Mantide	Mantis
Pulce	Puça
Scarafaggio	Paneroles
Termite	Tèrmit
Verme	Cuc
Vespa	Vespa
Zanzara	Mosquit

Letteratura
Literatura

Analisi	Anàlisi
Analogia	Analogia
Aneddoto	Anècdota
Autore	Autor
Biografia	Biografia
Conclusione	Conclusió
Confronto	Comparació
Descrizione	Descripció
Dialogo	Diàleg
Genere	Gènere
Metafora	Metàfora
Opinione	Opinió
Poesia	Poema
Poetico	Poètic
Rima	Rima
Ritmo	Ritme
Romanzo	Novel·la
Stile	Estil
Tema	Tema
Tragedia	Tragèdia

Libri
Llibres

Autore	Autor
Avventura	Aventura
Collezione	Col·lecció
Contesto	Context
Dualità	Dualitat
Epico	Èpica
Inventivo	Inventiva
Letterario	Literari
Lettore	Lector
Narratore	Narrador
Pagina	Pàgina
Poesia	Poesia
Rilevante	Rellevant
Romanzo	Novel·la
Scritto	Escrit
Serie	Sèrie
Storia	Història
Storico	Històric
Tragico	Tràgic
Umoristico	Humorístic

Mammiferi
Els Mamífers

Balena	Balena
Cane	Gos
Canguro	Cangur
Cavallo	Cavall
Cervo	Cérvol
Coniglio	Conill
Coyote	Coiot
Delfino	Dofí
Elefante	Elefant
Gatto	Gat
Giraffa	Girafa
Gorilla	Goril·la
Leone	Lleó
Lupo	Llop
Orso	Ós
Pecora	Ovella
Scimmia	Mico
Toro	Bou
Volpe	Guineu
Zebra	Zebra

Matematica
Matemàtiques

Angoli	Angles
Aritmetica	Aritmètica
Decimale	Decimal
Diametro	Diàmetre
Divisione	Divisió
Equazione	Equació
Esponente	Exponent
Frazione	Fracció
Geometria	Geometria
Parallelo	Paral·lel
Perimetro	Perímetre
Perpendicolare	Perpendicular
Poligono	Polígon
Quadrato	Quadrat
Raggio	Radi
Rettangolo	Rectangle
Simmetria	Simetria
Somma	Suma
Triangolo	Triangle
Volume	Volum

Meditazione
La Meditació

Accettazione	Acceptació
Attenzione	Atenció
Calma	Calma
Chiarezza	Claredat
Compassione	Compassió
Emozioni	Emocions
Gentilezza	Bondat
Gratitudine	Agraïment
Mentale	Mental
Mente	Ment
Movimento	Moviment
Musica	Música
Natura	Naturalesa
Osservazione	Observació
Pace	Pau
Pensieri	Pensaments
Postura	Postura
Prospettiva	Perspectiva
Respirazione	Respiració
Silenzio	Silenci

Meteo
El Temps

Asciutto	Sec
Atmosfera	Ambient
Brezza	Brisa
Calma	Calma
Cielo	Cel
Clima	Clima
Fulmine	Llamps
Ghiaccio	Gel
Monsone	Monsó
Nebbia	Boira
Nube	Núvol
Polare	Polar
Siccità	Sequera
Temperatura	Temperatura
Tempesta	Tempesta
Tornado	Tornado
Tropicale	Tropical
Tuono	Tro
Uragano	Huracà
Vento	Vent

Misurazioni
Mesuraments

Altezza	Altura
Byte	Byte
Centimetro	Centímetre
Chilogrammo	Quilogram
Chilometro	Quilòmetre
Decimale	Decimal
Grado	Grau
Grammo	Gram
Larghezza	Amplada
Litro	Litre
Lunghezza	Llargada
Metro	Metre
Minuto	Minut
Oncia	Unça
Peso	Pes
Pinta	Pinta
Pollice	Polzada
Profondità	Profunditat
Tonnellata	Tona
Volume	Volum

Mitologia
Mitologia

Archetipo	Arquetip
Comportamento	Comportament
Creatura	Criatura
Creazione	Creació
Cultura	Cultura
Disastro	Desastre
Divinità	Deïtats
Eroe	Heroi
Forza	Força
Fulmine	Llamps
Gelosia	Gelosia
Guerriero	Guerrer
Immortalità	Immortalitat
Labirinto	Laberint
Leggenda	Llegenda
Magico	Màgic
Mortale	Mortal
Mostro	Monstre
Tuono	Tro
Vendetta	Venjança

Mobili
Mobiliari

Amaca	Hamaca
Armoire	Armari
Cuscini	Coixins
Cuscino	Coixí
Divano	Sofà
Futon	Futon
Lampada	Llum
Letto	Llit
Libreria	Llibreria
Materasso	Matalàs
Panca	Banc
Poltrona	Butaca
Scaffali	Prestatges
Scrivania	Escriptori
Sedia	Cadira
Specchio	Mirall
Tappeto	Catifa
Tende	Cortines

Natura
Naturalesa

Animali	Animals
Api	Abelles
Artico	Àrtic
Bellezza	Bellesa
Deserto	Desert
Dinamico	Dinàmic
Erosione	Erosió
Fiume	Riu
Fogliame	Fullatge
Foresta	Bosc
Ghiacciaio	Glacera
Montagne	Muntanyes
Nebbia	Boira
Nuvole	Núvols
Rifugio	Refugi
Santuario	Santuari
Selvaggio	Salvatge
Sereno	Serè
Tropicale	Tropical
Vitale	Vital

Numeri
Números

Cinque	Cinc
Decimale	Decimal
Diciannove	Dinou
Diciassette	Disset
Diciotto	Divuit
Dieci	Deu
Dodici	Dotze
Due	Dos
Nove	Nou
Otto	Vuit
Quattordici	Catorze
Quattro	Quatre
Quindici	Quinze
Sedici	Setze
Sei	Sis
Sette	Set
Tre	Tres
Tredici	Tretze
Venti	Vint
Zero	Zero

Nutrizione
La Nutrició

Amaro	Amarg
Appetito	Apetit
Bilanciato	Equilibrat
Calorie	Calories
Commestibile	Comestible
Dieta	Dieta
Digestione	Digestió
Fermentazione	Fermentació
Gusto	Sabor
Liquidi	Líquids
Nutriente	Nutrient
Peso	Pes
Proteine	Proteïnes
Qualità	Qualitat
Salsa	Salsa
Salute	Salut
Sano	Saludable
Spezie	Espècies
Tossina	Toxina
Vitamina	Vitamina

Oceano
Oceà

Anguilla	Anguila
Balena	Balena
Barca	Barca
Corallo	Coral
Delfino	Dofí
Gamberetto	Gamba
Granchio	Cranc
Maree	Marees
Medusa	Meduses
Onde	Ones
Ostrica	Ostra
Pesce	Peix
Polpo	Pop
Sale	Sal
Scogliera	Escull
Spugna	Esponja
Squalo	Tauró
Tartaruga	Tortuga
Tempesta	Tempesta
Tonno	Tonyina

Paesaggi
Paisatges

Cascata	Cascada
Collina	Turó
Deserto	Desert
Fiume	Riu
Geyser	Guèiser
Ghiacciaio	Glacera
Grotta	Cova
Iceberg	Iceberg
Isola	Illa
Lago	Llac
Mare	Mar
Montagna	Muntanya
Oasi	Oasi
Oceano	Oceà
Palude	Pantà
Penisola	Península
Spiaggia	Platja
Tundra	Tundra
Valle	Vall
Vulcano	Volcà

Paesi #2
Països #2

Albania	Albània
Danimarca	Dinamarca
Etiopia	Etiòpia
Giamaica	Jamaica
Giappone	Japó
Grecia	Grècia
Haiti	Haití
Indonesia	Indonèsia
Irlanda	Irlanda
Laos	Laos
Liberia	Libèria
Messico	Mèxic
Nepal	Nepal
Nigeria	Nigèria
Pakistan	Pakistan
Russia	Rússia
Siria	Síria
Sudan	Sudan
Ucraina	Ucraïna
Uganda	Uganda

Pesca
La Pesca

Acqua	Aigua
Attrezzatura	Equipament
Barca	Barca
Branchie	Brànquies
Cesto	Cistella
Cucinare	Cuiner
Esagerazione	Exageració
Esca	Esquer
Filo	Filferro
Fiume	Riu
Gancio	Ganxo
Lago	Llac
Mascella	Mandíbula
Oceano	Oceà
Pazienza	Paciència
Peso	Pes
Pinne	Aletes
Spiaggia	Platja
Stagione	Temporada

Piante
Les Plantes

Albero	Arbre
Bacca	Baia
Bambù	Bambú
Botanica	Botànica
Cactus	Cactus
Cespuglio	Arbust
Crescere	Créixer
Edera	Heura
Erba	Herba
Fagiolo	Mongeta
Fertilizzante	Adob
Fiore	Flor
Flora	Flora
Fogliame	Fullatge
Foresta	Bosc
Giardino	Jardí
Muschio	Molsa
Petalo	Pètal
Radice	Arrel
Vegetazione	Vegetació

Pirati
Pirates

Ancora	Àncora
Avventura	Aventura
Bandiera	Bandera
Bussola	Brúixola
Capitano	Capità
Cattivo	Dolent
Cicatrice	Cicatriu
Equipaggio	Tripulació
Grotta	Cova
Isola	Illa
Leggenda	Llegenda
Mappa	Mapa
Monete	Monedes
Oro	Or
Pappagallo	Lloro
Pericolo	Perill
Rum	Rom
Spada	Espasa
Spiaggia	Platja
Tesoro	Tresor

Professioni #1
Professions #1

Allenatore	Entrenador
Ambasciatore	Ambaixador
Artista	Artista
Astronomo	Astrònom
Avvocato	Advocat
Ballerino	Ballarina
Banchiere	Banquer
Cacciatore	Caçador
Cartografo	Cartògraf
Editore	Editor
Farmacista	Farmacèutic
Geologo	Geòleg
Gioielliere	Joier
Idraulico	Lampista
Infermiera	Infermera
Musicista	Músic
Pianista	Pianista
Psicologo	Psicòleg
Scienziato	Científic
Veterinario	Veterinari

Professioni #2
Professions #2

Astronauta	Astronauta
Bibliotecario	Bibliotecari
Biologo	Biòleg
Chirurgo	Cirurgià
Dentista	Dentista
Detective	Detectiu
Filosofo	Filòsof
Fotografo	Fotògraf
Giardiniere	Jardiner
Giornalista	Periodista
Illustratore	Il·lustrador
Ingegnere	Enginyer
Insegnante	Professor
Inventore	Inventor
Linguista	Lingüista
Medico	Metge
Pilota	Pilot
Pittore	Pintor
Ricercatore	Investigador
Zoologo	Zoòleg

Riempire
Per Omplir

Bacino	Conca
Barile	Barril
Borsa	Bossa
Bottiglia	Ampolla
Busta	Sobre
Cartella	Carpeta
Cassetto	Calaix
Cesto	Cistella
Nave	Vaixell
Pacchetto	Paquet
Scatola	Caixa
Secchio	Cubell
Tasca	Butxaca
Tubo	Tub
Valigia	Maleta
Vaso	Gerro
Vassoio	Safata

Ristorante #1
Restaurant #1

Allergia	Al·lèrgia
Caffè	Cafè
Cameriera	Cambrera
Carne	Carn
Cassiere	Caixer
Cibo	Menjar
Ciotola	Bol
Coltello	Ganivet
Cucina	Cuina
Dessert	Postres
Ingredienti	Ingredients
Menù	Menú
Pane	Pa
Piatto	Placa
Piccante	Picant
Pollo	Pollastre
Prenotazione	Reserva
Salsa	Salsa
Tovagliolo	Tovalló

Ristorante #2
Restaurant #2

Acqua	Aigua
Aperitivo	Aperitiu
Bevanda	Beguda
Cameriere	Cambrer
Cena	Sopar
Cucchiaio	Cullera
Delizioso	Deliciós
Forchetta	Forquilla
Frutta	Fruita
Ghiaccio	Gel
Insalata	Amanida
Minestra	Sopa
Pesce	Peix
Pranzo	Dinar
Sale	Sal
Sedia	Cadira
Spezie	Espècies
Torta	Pastís
Uova	Ous
Verdure	Verdures

Scacchi
Escacs

Avversario	Oponent
Bianco	Blanc
Campione	Campió
Concorso	Concurs
Diagonale	Diagonal
Giocatore	Jugador
Gioco	Joc
Nero	Negre
Passivo	Passiu
Punti	Punts
Re	Rei
Regina	Reina
Regole	Normes
Sacrificio	Sacrifici
Sfide	Reptes
Strategia	Estratègia
Tempo	Temps
Torneo	Torneig

Scienza
Ciència

Atomo	Àtom
Chimico	Químic
Clima	Clima
Dati	Dades
Esperimento	Experiment
Evoluzione	Evolució
Fatto	Fet
Fisica	Física
Fossile	Fòssil
Gravità	Gravetat
Ipotesi	Hipòtesi
Laboratorio	Laboratori
Metodo	Mètode
Minerali	Minerals
Molecole	Molècules
Natura	Naturalesa
Organismo	Organisme
Osservazione	Observació
Particelle	Partícules
Scienziato	Científic

Scuola #1
Escola #1

Alfabeto	Alfabet
Amici	Amics
Aula	Aula
Biblioteca	Biblioteca
Carta	Paper
Cartelle	Carpetes
Divertimento	Diversió
Esami	Exàmens
Insegnante	Professor
Libri	Llibres
Marcatori	Marcadors
Matematica	Matemàtiques
Matita	Llapis
Numeri	Números
Penne	Plomes
Pranzo	Dinar
Risposte	Respostes
Scrivania	Escriptori
Sedia	Cadira

Scuola #2
Escola #2

Accademico	Acadèmic
Autobus	Autobús
Biblioteca	Biblioteca
Calendario	Calendari
Carta	Paper
Computer	Ordinador
Dizionario	Diccionari
Educazione	Educació
Forbici	Tisores
Giochi	Jocs
Grammatica	Gramàtica
Insegnante	Professor
Letteratura	Literatura
Lettura	Lectura
Libri	Llibres
Matematica	Matemàtiques
Matita	Llapis
Scarpe	Sabates
Scienza	Ciència
Zaino	Motxilla

Spezie
Espècies

Aglio	All
Amaro	Amarg
Anice	Anís
Cannella	Canyella
Cardamomo	Cardamom
Cipolla	Ceba
Coriandolo	Coriandre
Cumino	Comí
Curcuma	Cúrcuma
Curry	Curri
Dolce	Dolç
Finocchio	Fonoll
Liquirizia	Regalèssia
Noce Moscata	Nou Moscada
Paprika	Pebre Vermell
Pepe	Pebre
Sale	Sal
Vaniglia	Vainilla
Zafferano	Safrà
Zenzero	Gingebre

Spiaggia
Platja

Asciugamano	Tovallola
Barca	Barca
Barca a Vela	Veler
Blu	Blau
Costa	Costa
Dock	Moll
Granchio	Cranc
Isola	Illa
Laguna	Llacuna
Mare	Mar
Nuotare	Nedar
Oceano	Oceà
Ombrello	Paraigua
Sabbia	Sorra
Sandali	Sandàlies
Scogliera	Escull
Sole	Sol
Vacanza	Vacances

Sport
Esports

Allenatore	Entrenador
Arbitro	Àrbitre
Atleta	Atleta
Baseball	Beisbol
Basket	Bàsquet
Bicicletta	Bicicleta
Campionato	Campionat
Ginnastica	Gimnàstica
Giocatore	Jugador
Gioco	Joc
Golf	Golf
Hockey	Hoquei
Movimento	Moviment
Nuotare	Nedar
Palestra	Gimnàs
Squadra	Equip
Stadio	Estadi
Tennis	Tennis
Vincitore	Guanyador

Strumenti Musicali
Instruments Musicals

Armonica	Harmònica
Arpa	Arpa
Banjo	Banjo
Chitarra	Guitarra
Clarinetto	Clarinet
Fagotto	Fagot
Flauto	Flauta
Gong	Gong
Mandolino	Mandolina
Marimba	Marimba
Oboe	Oboè
Percussione	Percussió
Pianoforte	Piano
Sassofono	Saxofon
Tamburello	Pandereta
Tamburo	Tambor
Tromba	Trompeta
Trombone	Trombó
Violino	Violí
Violoncello	Violoncel

Surf
Navegació

Atleta	Atleta
Campione	Campió
Divertimento	Diversió
Estremo	Extrem
Folla	Multituds
Forza	Força
Meteo	Temps
Nuotare	Nedar
Oceano	Oceà
Onda	Ona
Popolare	Popular
Principiante	Principiant
Schiuma	Escuma
Scogliera	Escull
Spiaggia	Platja
Stile	Estil
Stomaco	Estómac
Velocità	Velocitat

Tecnologia
Tecnologia

Blog	Blog
Browser	Navegador
Byte	Bytes
Computer	Ordinador
Cursore	Cursor
Dati	Dades
Digitale	Digital
File	Arxiu
Internet	Internet
Messaggio	Missatge
Ricerca	Recerca
Schermo	Pantalla
Sicurezza	Seguretat
Software	Programari
Statistiche	Estadístiques
Telecamera	Càmera
Virtuale	Virtual
Virus	Virus

Tempo
Temps

Anno	Any
Annuale	Anual
Calendario	Calendari
Decennio	Dècada
Dopo	Després
Futuro	Futur
Giorno	Dia
Ieri	Ahir
Mattina	Matí
Mese	Mes
Mezzogiorno	Migdia
Minuto	Minut
Notte	Nit
Oggi	Avui
Ora	Hora
Orologio	Rellotge
Presto	Aviat
Prima	Abans
Secolo	Segle
Settimana	Setmana

Tipi di Capelli
Tipus de Cabell

Argento	Plata
Asciutto	Sec
Bianco	Blanc
Biondo	Ros
Breve	Curt
Calvo	Calb
Colorato	Color
Grigio	Gris
Intrecciato	Trenat
Liscio	Llis
Lungo	Llarg
Marrone	Marró
Morbido	Suau
Nero	Negre
Riccio	Arrissat
Riccioli	Rínxols
Sano	Saludable
Sottile	Prim
Spessore	Gruix
Trecce	Trenes

Uccelli
Ocells

Airone	Agró
Anatra	Ànec
Aquila	Àguila
Cicogna	Cigonya
Cigno	Cigne
Cuculo	Cucut
Falco	Falcó
Fenicottero	Flamenc
Gabbiano	Gavina
Oca	Oca
Pappagallo	Lloro
Passero	Pardal
Pavone	Paó
Pellicano	Pelicà
Piccione	Colom
Pinguino	Pingüí
Pollo	Pollastre
Struzzo	Estruç
Tucano	Tucà
Uovo	Ou

Vacanza #1
Vacances #1

Aereo	Avió
Auto	Cotxe
Biglietto	Bitllet
Dogana	Duana
Itinerario	Itinerari
Lago	Llac
Museo	Museu
Nuotare	Nedar
Ombrello	Paraigua
Partenza	Sortida
Rilassamento	Relaxació
Spedizione	Expedició
Tram	Tramvia
Turismo	Turisme
Valigia	Maleta
Valuta	Moneda
Zaino	Motxilla

Vacanze #2
Vacances #2

Aeroporto	Aeroport
Campeggio	Càmping
Destinazione	Destinació
Foto	Fotografies
Hotel	Hotel
Isola	Illa
Mappa	Mapa
Mare	Mar
Passaporto	Passaport
Ristorante	Restaurant
Spiaggia	Platja
Straniero	Estranger
Taxi	Taxi
Tempo Libero	Oci
Tenda	Tenda
Trasporto	Transport
Treno	Tren
Vacanza	Vacances
Viaggio	Viatge
Visto	Visat

Veicoli
Vehicles

Italiano	Català
Aereo	Avió
Ambulanza	Ambulància
Auto	Cotxe
Autobus	Autobús
Barca	Barca
Bicicletta	Bicicleta
Camion	Camió
Caravan	Caravana
Elicottero	Helicòpter
Metropolitana	Metro
Motore	Motor
Pneumatici	Pneumàtics
Razzo	Coet
Scooter	Scooter
Sottomarino	Submarí
Taxi	Taxi
Traghetto	Ferri
Trattore	Tractor
Treno	Tren
Zattera	Bassa

Verdure
Verdures

Italiano	Català
Aglio	All
Broccolo	Bròquil
Carciofo	Carxofa
Carota	Pastanaga
Cetriolo	Cogombre
Cipolla	Ceba
Fungo	Bolet
Insalata	Amanida
Melanzana	Albergínia
Patata	Patata
Pisello	Pèsol
Pomodoro	Tomàquet
Prezzemolo	Julivert
Rapa	Nap
Ravanello	Rave
Scalogno	Escalunya
Sedano	Api
Spinaci	Espinacs
Zenzero	Gingebre
Zucca	Carbassa

Vestiti
Roba

Italiano	Català
Abito	Vestit
Braccialetto	Polsera
Camicetta	Brusa
Camicia	Camisa
Cappello	Barret
Cappotto	Abric
Cintura	Cinturó
Collana	Collaret
Giacca	Jaqueta
Gonna	Faldilla
Grembiule	Davantal
Guanti	Guants
Jeans	Texans
Maglione	Suèter
Moda	Moda
Pantaloni	Pantalons
Pigiama	Pijama
Sandali	Sandàlies
Scarpa	Sabata
Sciarpa	Bufanda

Virtù #1
Virtuts #1

Italiano	Català
Affascinante	Encantador
Affidabile	Fiable
Appassionato	Apassionat
Artistico	Artístic
Buono	Bé
Curioso	Curiós
Decisivo	Decisiu
Divertente	Divertit
Efficiente	Eficient
Generoso	Generós
Indipendente	Independent
Intelligente	Intel·ligent
Modesto	Modest
Paziente	Pacient
Pratico	Pràctic
Pulito	Net
Saggio	Savi
Utile	Útil

Congratulazioni

Ce l'hai fatta!

Speriamo che questo libro vi sia piaciuto tanto quanto a noi è piaciuto concepirlo. Ci sforziamo di creare libri della più alta qualità possibile.
Questa edizione è progettata per fornire un apprendimento intelligente, di qualità e divertente!

Le è piaciuto questo libro?

Una Semplice Richiesta

Questi libri esistono grazie alle recensioni che pubblicate.

Puoi aiutarci lasciando una recensione
ora a questo link ?

BestBooksActivity.com/Recensioni50

SFIDA FINALE!

Sfida n°1

Sei pronto per il tuo gioco gratuito? Li usiamo sempre, ma non sono così facili da trovare - ecco i **Sinonimi!**
Scrivi 5 parole che hai trovato nei puzzle (n° 21, n° 36, n° 76) e prova a trovare 2 sinonimi per ogni parola.

Scrivi 5 parole del **Puzzle 21**

Parole	Sinonimo 1	Sinonimo 2

Scrivi 5 parole del **Puzzle 36**

Parole	Sinonimo 1	Sinonimo 2

Scrivi 5 parole del **Puzzle 76**

Parole	Sinonimo 1	Sinonimo 2

Sfida n°2

Ora che ti sei riscaldato, scrivi 5 parole che hai trovato nei puzzle n° 9, n° 17 e n° 25 e cerca di trovare 2 contrari per ogni parola. Quanti ne puoi trovare in 20 minuti?

Scrivi 5 parole del **Puzzle 9**

Parole	Antonimo 1	Antonimo 2

Scrivi 5 parole del **Puzzle 17**

Parole	Antonimo 1	Antonimo 2

Scrivi 5 parole del **Puzzle 25**

Parole	Antonimo 1	Antonimo 2

Sfida n°3

Grande! Questa sfida non è niente per te!

Pronto per la sfida finale? Scegli 10 parole che hai scoperto nei diversi puzzle e scrivile qui sotto.

1.	6.
2.	7.
3.	8.
4.	9.
5.	10.

Ora scrivi un testo pensando a una persona, un animale o un luogo che ti piace.

Puoi usare l'ultima pagina di questo libro come bozza.

La tua composizione:

TACCUINO:

A PRESTO!

Tutta la Squadra

BESTACTIVITYBOOKS.COM/FREEGAMES